カイロ大学

〝闘争と平和〟の混沌《カオス》

浅川芳裕
Yoshihiro Asakawa

ベスト新書
569

はじめに

■世界最強の大学

カイロ大学は世界史を揺るがす大物を多数、生み出してきた世界最強の大学です。有名な出身者をあげれば、ヤセル・アラファトPLO（パレスチナ解放機構）議長（1955年工学部卒）やサダム・フセイン元イラク大統領（1964年法学部中退）、国際テロ組織アルカイダ最高指導者のアイマン・ザワヒリ（1974年医学部卒）などがいます。

日本でカイロ大学出身者といえば、すぐに思い浮かぶのが小池百合子氏（1976年文学部卒）です。小池氏のカイロ大学時代の武勇伝には事欠かきません。

「入学式はなく、軍事訓練で新学期開始」
「第4次中東戦争とそれに伴う食料不足経験」
「学生運動で、元旦に催涙弾を浴びる」
「卒業記念に振袖姿でピラミッドの頂上でお茶を点てる」

これほど混沌《カオス》に満ちた大学生活のエピソードを持つ政治家はそうはいないでしょう。

小池氏のおかげで、カイロ大学の知名度は上がりました。しかし、大学のあるカイロのことや、ましてや大学について詳しいことはほとんど知られていません。せいぜい「カイロといえばエジプトの首都」「エジプトといえばピラミッド」「カイロ大といえば小池百合子」くらいです。

それも仕方ないかもしれません。1908年の建学以来、カイロ大学に入学した日本人は小池氏や筆者（1995年文学部中退）をふくめ、10年に一人いるかどうかの少なさだからです。一生のうち、カイロ大出身者と知り合う確率はゼロといっていいぐらいの希少性です。

それにしても、なぜ小池氏はカイロ大を選んだのでしょうか。

アラビア語通訳を目指していた小池氏は、父の書斎で中東各国の便覧をみつけます。「それをめくると、カイロ大学がアラブ・中東世界の中のアカデミズムの頂点であるということが書いてあったんです」（動画『竹村健一・小池百合子対談　煙の記憶01』2009年）

しかしその学業の厳しさは半端ではありませんでした。

「日本人だけでなく、アラビア語に精通しているアラブ諸国の学生をふくめ1学年800人近い学生も、翌年には5分の1は進級できずに脱落していく」（『アサ芸プラス』2016年11月15日）

帰国後、通訳、キャスターを経て政界に転じますが、権力闘争に自ら飛び込んでいく政治スタイルはカイロ大学仕込みです。

▲かなり格好いい、カイロ大学正門

カイロ大は教育機関でありながら、そのキャンパスのなかでは絶えず政治闘争が繰り広げられてきました。小池氏の伝記『挑戦　小池百合子伝』（2016年）にはこう記されています。

「カイロ大学で学生運動が激しくなった。エジプトの学生たちは、サダト大統領に向けて叫んだ。『中途半端なことをしている場合ではない。戦争を起こして、早く決着をつけろ！』。日本の学生運動といえば、反戦、平和を掲げて政府に戦いを挑む。ところが、エジプトでは『早く戦争をしろ』と突き上げているのである。そんな中でも、授業は行われた。あるとき、カイロ大学のキャンパスで反政府運動をする学生たちに軍が催涙ガスを撃ち放った。一瞬にして、小池は真っ白い煙に包まれた。目から涙が流れ、授業どころではない。キャンパス内は大騒ぎとなった」

小池氏は20歳前後の若さで、政治闘争の壮絶さを経験済みなのです。

■「闘争」と「混乱」のなか輩出された出身者たち

カイロ大学の学風はまさに「闘争」と「混乱」です。

筆者がカイロ大学のオリエンテーションを受けたとき、担当者からいわれた最初の言葉は「混乱の世界へようこそ！」です。実際、カイロ大学のキャンパスで実体験した混乱の根は想像以上に深いものでした。

そんな混乱を経験済みのカイロ大学出身者の共通点は、乱世に強いことです。だからこそ、世界史を動かす、特異な人物を生み出してきたのです。

アラファト、フセイン、ザワヒリの他にも多数います。イスラム主義組織ハマスの共同創設者マハムード・アルザハル（1971年医学部卒）やかつて日本赤軍とも共闘したPFLP（パレスチナ解放人民戦線）の共同創設者ナイフ・ハワトメ（1957年医学部中退）もカイロ大出身です。石油ショックで世界を揺るがしたサウジアラビア元石油相のアハメド・ザキ・ヤマニは1951年、法学部卒です。世界貿易センター爆破事件の首謀者とされるオマル・アブドゥルラフマンはダール・アルウルーム（教育）学部修士課程修了（1965年）。9・11の実行犯ムハンマド・アタは工学部卒（1990年）と列挙すれば、きりがありません。

乱世に強いというより、世を混乱に陥れた人物をたくさん輩出しています。

一方で、平和運動に貢献した人物も輩出しています。

アフリカ初の国連事務総長で国連平和維持活動（ＰＫＯ）を大幅強化したブトロス・ガリはカイロ大法学部出身（１９４６年卒）です。

先述のアラファトとＩＡＥＡ（国際原子力機関）のムハンマド・エルバラダイ元事務局長（１９６２年法学部卒）の二人はノーベル平和賞を受賞しています。

ノーベル平和賞候補にあがった卒業生もいます。ソーシャルメディアを駆使して２０１１年エジプト革命に貢献したワエル・ゴニム（２００４年コンピューター情報システム学部卒）やエジプト民主化運動の若きリーダー、アハマド・マヘル（２００４年工学部卒）です。

▲ブトロス・ガリ

小池氏卒業の後、日本人で有名な出身者といえば、イスラム法学者でカリフ制復興論者の元同志社大学教授・中田考《こう》氏（１９９２年カイロ大学哲学博士号取得）もいます。現在、その語学力を生かし、ＳＳＹ（「世界征服に役立つ」の略称）外国語教室でアラビア語、ヘブライ語、トルコ語の教鞭をとっています。

カイロ大学は世界に混乱をもたらす人物と平和を求める出身者が混在しているのが特徴です。どちらの側につくにしても、両者の間では死ぬか生きるかの思想闘争が繰り返されています。

混乱と闘争という学風を持つカイロ大学が彼らに、学びの園という領域を越えた影響を人生に与えているというのが本書の主題です。カイロ大学は「平和学」ならぬ「混乱学」を学ぶ最高のフィールドなのです。

世の中は東大やハーバード大などのエリート大学本であふれています。しかし、混沌とした現代社会では、理路整然を至高の価値とするエリート主義はなんの役にも立ちません。

カイロ大出身者はそれぞれの分野でトップを目指し、世界を変えようと闘争します。その過程で巻き起こる混乱（一般人からみれば）など、一切気になりません。

その証拠に都政や国政をいくら混乱させても、平然としているのが小池氏です。カイロ大仕込みの混乱を自ら仕込んでいるのですから、何ともないわけです。

他方、混乱を嫌い、安定をもとめる出身者も当然います。しかし、彼らの強みは、「混乱主義者」の心理や行動をカイロ大時代に肌で感じとっている点です。ですから、世界情勢がどんな混沌《カオス》にみえようが、それを抑え込もうとする国連などの国際機関でも活躍できるわけです。

カイロ大学の混乱を生み出す土壌は、カイロという世界一の大混沌都市のなかにあります。

序章では、日本ではあまり紹介されることのない世界一刺激的なカイロという街について解説します。

その「カイロの熾烈で、混乱と混沌が渦巻く人間を描いた（英エコノミスト誌）」エジプト人作家ナギブ・マフフーズ（１９３４年、カイロ大哲学科卒）はノーベル文学賞を受賞しているぐらいです。

かつて小池氏も「ケイオスティック（注：「混沌に満ちた」の意）・カイロ」（牟田口義郎『カイロ 世界の都市の物語 10』１９９２年に寄稿）という小論を書いています。カイロといえば混沌なのです。ルールなどありません。すべてはカイロ流交渉術で物事がきまる世界です。

1章では実際に小池氏や筆者が留学生活で身につけた、混沌としたカイロ流交渉術を開陳します。この交渉術は日本でも大いに役立ちます。小池氏自身、カイロ生活で身につけたことについてこう言及しています。

「カイロで5年間過ごしたことで、（中略）世界は欺瞞《ぎまん》に満ちていて、リアルな判断が必要か、異文化の中で学んだ」（『サンスポ』２０１７年4月25日）

2章から5章のテーマはカイロ大学世界最強説です。なぜカイロ大生は乱世に強いのか。その一因として、激しい学生運動やつかまったときの拷問の厳しさに触れます。そのような経験がどれだけ強く、硬派な人物を育ててきたかを考察します。

そして、カイロ大学の建学から現在にいたるまでの歴史をたどります。出身者が特異なように、建学者も特異でした。建学者の闘争、教授たちの闘争、学生たちの闘争をみていきます。その混乱と闘争の行きつく先にあるのは独立孤高の精神力です。それが世界史を動かす思想や行動を生み出す原動力となってきたことを、アラファト、フセイン、ザワヒリらの大学時代からエジプト革命、そして現在に至るまで論じます。

6章は、「カイロ大学留学のススメ」です。カオスのような現代世界で生き抜くには、カイロ大学の混沌《カオス》の中で学ぶのがいちばんの近道です。しかも、日本人には入学試験は課されません。交渉術によって、誰でも入学が可能です。入学できた時点で、カイロ流交渉術をマスターできている証です。その経験とスキル習得だけでも、日本の大学に入るより、たくましくなれるはずです。

7章では、筆者のカイロ大学時代の経験について綴ります。欧米のよくある留学体験記とはまったく異なる混乱と闘争ぶりをお楽しみください。

本書は「混乱学」的な視点からのカイロ大学入門書です。本書によって世界最強の大学の存在が世に知れ渡り、カイロ大に留学する後輩が続々と生まれ、混沌とした世界史をリードする人物が誕生する契機になれば幸いです。

もくじ

はじめに

序章　世界一刺激的な都市――カイロ

第1章　カイロ流交渉術の極意

第2章　世界最強の大学――カイロ大学

第3章　カイロ大学——混乱と闘争の源流

第4章　カイロ大建学者思想の申し子たち
——ターハ、バンナ、ナセル、クトゥブ

第5章　カイロ大学―政治闘争と思想輸出の前線基地

第6章　カイロ大学留学のススメ

第7章　カイロ大学留学体験記

写真：浅川芳裕
パブリック・ドメイン
その他のものは写真下にクレジットを表記しています。

序章

世界一刺激的な都市 ——カイロ

■国際学園都市カイロ

大学生活を送るなら、エジプトの首都カイロは最高に刺激的な都市です。

カイロは、中東・アフリカ・地中海圏における最大都市。人口は約2300万人で、しかも毎年約50万人ずつ増加している世界で最も人口成長率が高いコスモポリタン都市です。

現在一般にカイロと呼ばれているのは、ナイル川東側のカイロ県と、ピラミッドで知られる西側のギザ県、北のショブラ、南のヘルワンなどを含めた大カイロ（グレーターカイロ）と呼ばれる大都市圏を指します。

現在のカイロの発祥となった旧市街が建設されたのは10世紀ですが、その郊外にある古代都市メンフィスやギザなどは5000年の歴史を誇っています。そこにはピラミッドなどの古代エジプト時代の遺跡をはじめ、ローマ・コプト時代、イスラム王朝時代、オスマン時代、仏英占領時代、1952年のナセルによるエジプト革命を経て、現代にいたるまでの建造物が無数に残っています。いわばカイロは街自体が歴史建造物の博物館です。

カイロには世界に名だたる二つの大学があります。ひとつはイスラム教スンナ派の最高峰「アズハル大学」。もうひとつが本書のテーマである「カイロ大学」です。

975年に創立されたアズハル大学は世界最古の大学といわれています。宗教機関であるアズハル大学に対して、カイロ大学は1908年に創立されたアラブ世界初の世俗的な近代大学です。創立時は私立でしたが、いまでは国立になっています。

国立大学は他に、アインシャムス大学（1950年創設）とヘルワン大学（1975年創設）があります。

▲ナイル川を中心に東西にカイロの街は広がる

私立では1919年創設のカイロ・アメリカン大学（AUC）が名門です。小池百合子氏もカイロ大入学前、ここでアラビア語研修を修了しています。

アメリカ系以外にも、エジプト・フランス大学（UFE、2002年創設）、カイロ・ドイツ大学（GUC、2003年創設）、アハラム・カナダ大学（2004年創設）、エジプト・イギリス大学（BUE、2006年創設）など、欧米系の私立大学も充実しています。

日系大学もあります。エジプト第二の都市アレクサンドリアの「エジプト日本科学技術大学（E-JUST）」です。2010年、院生・研究者向けに開学し、17年秋に初の学部生が入学した新しい大学です。

▲カイロのイスラム地区

カイロで学ぶ大学生の数は国立私立あわせて100万人以上と、東京都の大学生数の74万人を上回ります。国際色も豊かで、アラブ・アフリカ諸国、イスラム圏のアジア諸国を中心に、世界100カ国以上からの留学生がカイロで学んでいます。

日本人学生もいます（2017年7月時点で約20名）。アラビア語や古代エジプト学、アラブの歴史を学んだり、アラビスト（アラブ専門家）になるべく、外務省や商社から派遣されたりしている人もいます。

■アラブ・アフリカ最大の都市カイロ

経済規模で見てもカイロはアラブ・アフリカ諸国の中で最大です。都市別のGDP比較では、ローマやウイーンを上回ります。

人口増加がいちじるしいカイロでは、都市そのものも拡大を続けています。現在のカイロの南東の砂漠には新都市「ニュー・カイロ」が建設され、東の砂漠の中にも将来的な首都の移転先といわれる700万人規模の新都市が建設中です。その勢いは1990年代後半、筆者が住んでいたアラブ首長国連邦ドバイの建設ブームに優るとも劣りません。

ニュー・カイロには、米・グーグル社がすでにエジプト本社を構え、グローバル企業各社の進出がはじまっています。2006年にはここにエジプト未来大学がキャンパスを構えています。東京ディズニーリゾートの約2倍にあたる巨大テーマパーク建設も計画されています。

新都市建設の一方で、古い地区の大規模なリノベーションもはじまっています。中心街からナイル川河畔、イスラム地区やコプト地区とよばれる歴史的な旧市街、周辺農村部までを整備する巨大プロジェクト「カイロ未来ビジョン2050」もあります。

▲ニューカイロ入り口

■世界一眠らない街カイロ

世界都市カイロの刺激は、ロンドンやパリ、ニューヨークといった大都会とは比べものになりません。カイロに留学していた筆者にとって、そんな欧米都市を訪れても、退屈に感じてしまいます。その理由のひとつは、カイロが「世界で最も眠らない街」だからです。比喩ではありません。

実際に、世界180カ国の主要都市を対象にSNSの書き込みから住民の夜更かし度を測ったランキングで、カイロは堂々の世界一を獲得しています（『Badoo 調査』）。

この調査によると、ロンドンは17位、パリは18位とトップ10にも入っていません。ニューヨークは32位です。

事実、ニューヨークのタイムズスクエアでは24時には、レストランどころか、バーもほとんど閉まってしまいます。一方、カイロの24時といえば、ナイトライフははじまってもいません。カイロっ子が本格的に街に繰り出すのは夜中の1時過ぎです。

どうしてそんなに夜更かしなのでしょうか。

そもそもエジプト人は夕食が遅く、22時から23時ごろに夕食というのもざらです。食後にはカフェで水タバコを吸い、ゆっくりお茶をしてから夜の本番です。クラブやベリーダンスショーが最高潮に達するのが3時から5時で、閉まるのが6時、7時ごろ。

▲眠らない庶民街(インババ地区)

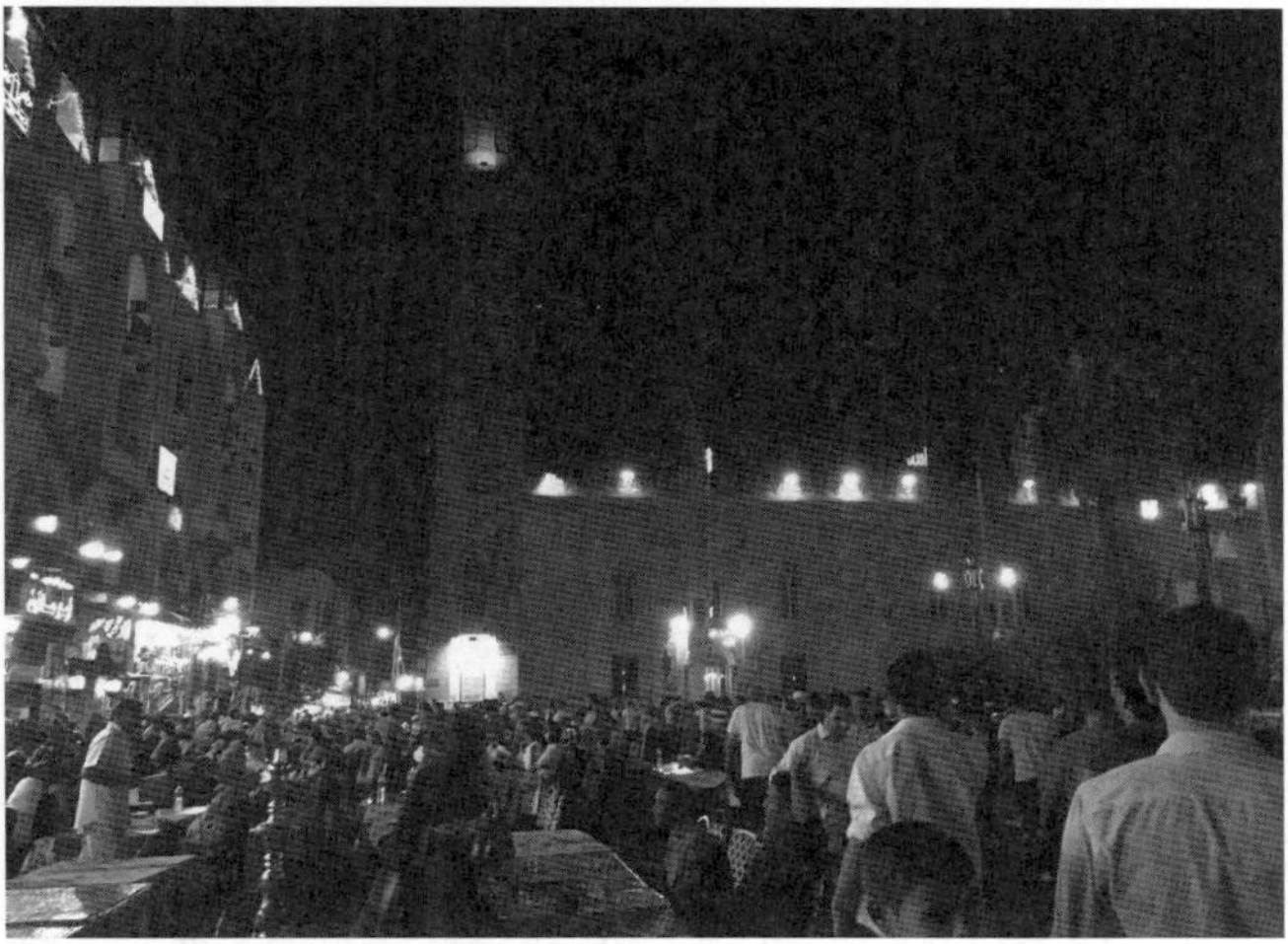
▲フセインモスク前

そんなことなら、アジアの不夜城・新宿の歌舞伎町や六本木のクラブ街といい勝負と思われるかもしれませんが、次元がまったく違います。カイロの場合、繁華街での局所的な夜遊びではなく、街全体が不夜城なのです。

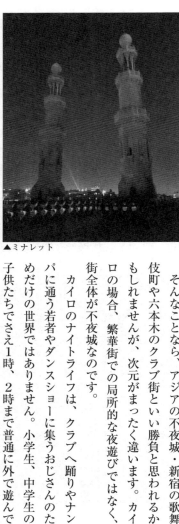

カイロのナイトライフは、クラブへ踊りやナンパに通う若者やダンスショーに集うおじさんのためだけの世界ではありません。小学生、中学生の子供たちでさえ1時、2時まで普通に外で遊んでいます。「子供は早く寝なさい」といった躾文化は存在しません。街中の遊園地では、大人が夜中に子供を連れだして一緒に遊んでいるぐらいです。

▲ミナレット

貧乏学生でも夜遊びに事欠きません。朝までライトアップされた商店街でウインドーショッピングを楽しんでもいいし、遊歩道が続くナイル川の岸辺を散歩しながら、ピラミッドに向かうのも一興です。ギザの3大ピラミッドまで中心街から歩いて約3時間でたどり着けます。日の出が照らすピラミッドを拝みながら、朝を迎えるのは最高です。

夜明けとともに、イスラム教の礼拝の呼びかけ「アザーン」が街中で鳴り響きます。カイロが別名「数千のミナレットを持つ都市」と呼ばれる、イスラム文化・学問の中心であることを思い出させてくれます。

ミナレットとは、遠くまで呼びかけができるようモスクに付随して設置された塔です。夜明けや夕暮れに高台からカイロ市街を見渡せば、無数のミナレットがシルエットになって浮かび上がります。それはまさに絶景です。

■昼寝するという文化

なぜカイロっ子は、そんなに夜更かしなのか。

昼間が暑く、夜が涼しく過ごしやすいのも一因です。しかし、日中の温度がカイロより高い都市はいくらでもあります。

その本当の理由は「世界で最も眠らない街」にランクインした残りの都市をみればわかります。トップ10のうち、6都市を占めているのはスペインです。スペインといえば、シエスタ(昼寝)文化。昼寝をすれば、誰だって夜更かしできます。

カイロにも昼寝の習慣があります。昼寝はアラビア語では「カイルラ」と呼ばれ、夜中のお祈り(タジュフード)をするために預言者ムハンマドも推奨しています。この風習がアラブがスペインを占領していた５００年の間にシエスタ文化として定着したわけです。

トップ10の残り3つはアラブ圏のベイルートと南米のブエノスアイレス（アルゼンチン）とモンテビデオ（ウルグアイ）。つまり、トップ10はアラブ圏とスペイン文化圏で占められているのです。

カイロのナイト・エンタメ文化は昼寝の習慣と夜更かしの結びつきによって生まれました。その奥行きが他都市を圧倒しているからこそ、眠らない街世界一になれたのです。

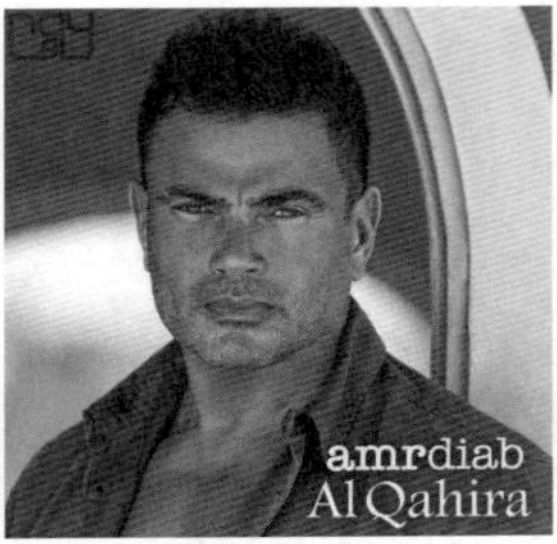

▲アルカーヒラCDジャケット
©2016 NAY FOR MEDIA

映画や演劇、コンサート、各種ショーの充実度においてカイロはアラブ随一です。カイロは、４億２２００万人（ユネスコ）のアラビア語圏芸能界の中心地です。エジプト人だけでなく、本場のショーをこの目でみようとアラブ諸国から大挙して観客がやってくるのです。

２０１６年、その名も「カイロ」（アラビア語で「アルカーヒラ」）という曲が大ヒットしました。歌手はアムル・ディアーブ（feat. ムハンマド・ムニール）。エジプト音楽と西洋ポップスを融合した新ジャンル「地中海ポップ」を開拓した大御所です。途中からデュエットで登場するムニールは、エジプト南部アスワン出身のヌビア系。こちらも大御所で、エジプト音楽とヌビア音楽、ブルース、レゲエなどを融合した新ポップスのパイオニアです。

この曲の中にこんな一節があります。

「カイロを去ると思い出す。あのナイル川。あの長い夜。あの歌。あの(街の)リズム。あの(人々の)語り。ああ、カイロはなんて美しいんだ！　一度、訪れるとカイロを好きになる。みんなに話したくなる。決して忘れない。そして、また行きたくなる」

カイロには「あの長い夜」にそなえて昼寝に便利な場所があります。モスクです。

モスクというと、イスラム教徒にとっての厳粛な礼拝所と思われるかもしれません。しかし、モスクを指すアラビア語である「ギャーミア」とは元々「集まる」の意味にすぎません。礼拝で集まる以外は、市民の憩いの場所なのです。

灼熱の乾燥地帯の気候にあわせて設計されているだけあって、モスクの中はすこぶる涼しく、快適です。大の字になって寝ている人をよくみかけます。

モスクはカイロ市内のいたるところにあります。その

▲大の字になって寝ている人(カイロ大学内のモスク)

数は数万とも数十万ともいわれるほどです。昼寝をしたければ、通りで目に入るモスクに入ればいいだけです。イスラムは普遍宗教ですから、その集会所であるモスクも万人に開放されています。日本の神社仏閣や公民館のように事前の利用許可を求められることもありません。ネットカフェみたいな窮屈で寂しい場所にお金を払って入る必要もありません。真のパブリック・スペースが充実しているのがカイロです。

■世界屈指のカフェ文化

もうひとつのカイロの代表的なパブリック・スペースといえば、カフェがあります。カフェは繁華街だけでなく、住宅街でも通りに1軒ぐらいは存在します。カイロは世界有数のカフェの街です。

歴史的に見ても、カイロは公共の場でコーヒーが飲めるようになった世界初の都市です。16世紀前半にはすでに多数のカフェがあったとされています。イスラム地区には19世紀後半にオープンしたカフェ街がいまでも残っています。

カフェという場の名前も、アラビア語のカフワ（コーヒーの意）から来ています。現代の地球規模でのカフェの広がりをみれば、その発祥の地であるカイロの先進性がわかります。

庶民の憩いの場だったカイロのカフェ文化に変化が訪れたのは20世紀初頭です。第一次世界大戦の戦火を逃れ、カイロに大挙して移民移住してきたイタリア人やフランス人、ギリシャ人の難民がヨーロッパ流のカフェを導入したのです。

そこでは上流階級が顧客につき、カフェは文化サロンとして発展します。パトロンが小説家や詩人に創作場所を、思想家、政治活動家には隠れ家として、カフェ・スペースを提供します。その空間で数々のアラブ文学作品や革命運動が生まれていきます。

現在のカイロのカフェは、水タバコ（シーシャ）のメッカです。水タバコにはハチミツやリンゴ、イチゴ、ブドウ、レモン、キウイ味など多くのフレーバーがあり、普通のタバコと比べて喉にもやさしいため、日ごろ喫煙しない男女もカフェで楽しんでいます。カフェに通えばさまざまな層のエジプト人や外国人と気軽に出会えます。異国の地で留学生が陥りがちな孤独とは無縁です。

▲街なかのカフェ

■汚れきった街——カイロの都市問題

カフェで一晩を過ごし、ナイトライフが終わりに差し掛かるころ、朝の通勤ラッシュがはじまります。街はクラクションと家畜の鳴き声で満たされ、カイロの騒音はピークに達します。エジプト国立研究所の調べによると、午前7時半のカイロ中心街の平均騒音は90デシベル。90デシベルといえば、一日中、犬に吠えられて生活しているようなものです。カイロの騒音がひどいのは、商工業地区と住宅地区が混在しているのもその理由の一つです。政府は騒音レベルのモニタリングと地区別の上限設定を1994年に制定しましたが、守られたことはありません、

運転ルールもあってないようなものです。あるとすれば、車間距離をできるだけゼロに詰めるぐらいで、前の車にコツンとぶつかっても何でもありません。

しかし、そんなノー・ルール（無法）こそカイロの魅力です。地元民自身もカイロは「マニュアルのない都市（マディーナ・ミンガエル・カタログ）」だと自負しています。

その一方で、カイロの人口の3分の1が騒音によるストレスから睡眠障害を患っているという調査結果もあります。「世界一眠らない街」というより「眠れない街」です。

刺激が多くて眠れないとくれば勉強どころではありません。実際、アメリカの調査では、カイロは留学生にとって、100都市中「最も留学に望ましくない都市」という結果もでています。

そんなカイロだからこそ、喧噪やストレスに打ち勝つ訓練をするのにはもってこいです。カイロで留学生活を送れば、どんな環境であろうと集中できる力が身につきます。カイロが大学生活を送るのに最高に刺激的な場所であることを裏付ける調査は他にもあります。

「世界汚染都市ランキング」（都市比較統計サイト『Numbeo 調査2016』）ではカイロは、マケドニア北西部の工業都市テトボに次いで第2位でした。

▲廃線の上に散乱するゴミ

しかし、汚染度が世界2位である都市が、なぜ留学先としてふさわしいのか。どう考えたって逆ではないか。そう思われるかもしれません。

しかし、そうした常識的な考え方の枠組みをひっくり返すことこそが学問です。世の中の矛盾や理不尽にこそ、現実的な学びのヒントがあります。つまり、逆転の発想です。カイロに住めば、世界最高峰の都市公害について身を呈して学べるのです。

汚染要因の代表格は、車の排気ガスです。

１９９０年代のエジプト留学時代、初めてカイロでタクシーに乗ったときの驚きは、いまも忘れられません。車に床がなく、両足が地面についていたのです。そのくらいポンコツな車が街中にあふれていました。エジプト環境庁の統計をみると、エジプトのタクシーの平均車齢は32年（２００８年現在）とのことでした。

しかし、２０１７年、５年ぶりにカイロを訪れてみるとタクシーがずいぶんきれいになっていました。配車サービス「ウーバー」も目覚ましく普及しています。２０１５年にウーバーがサービスを開始して以来、カイロではわずか2年で「３万人の運転手が登録し、カイロの交通の２割に貢献して、いまや中東最大のマーケット」（ウーバー発表）です。料金は初乗り６ポンド（約36円）で、キロ当たりのメーター料金が１・85ポンド（約11円）と激安です。

90年代前半の留学当時、１エジプト・ポンドは30～40円前後でした。それがいまや１ポンド６円と、じつに５分の１以下に急落しています。

カイロの魅力はその物価の安さにもあります。

グローバル都市の生活費ランキング（expatistan.com 調べ）によると、カイロの生活費は世界332都市中328位。つまり、世界有数の物価が低い都市ということです。

留学生にとって、物価が日本より高い欧米や急騰しているアジア諸国よりずっと過ごしやすい環境です。物価が安くても、生活に不便はないのかと不安に思われるかもしれません。

しかし、不便どころかカイロは東京以上に便利です。たとえば、デリバリーサービスは24時間営業です。夜中まで勉強して、小腹がすけば電話一本（いまはネット注文）で、コーヒー一杯からサンドイッチ、鳥の丸焼き、牛肉・羊肉のシシカバブ、デザート、そして水タバコまで出前してくれます。手作りの料理が24時間、食べられるのです。朝までホームパーティをしたり、カップルでのんびり過ごすのにとても便利です。

日本でも最近、Airbnb のような民泊が出てきましたが、カイロではずっと前から一般的サービスです。細かい規制もありません。そもそもカイロの人口の63％が違法建築か、不法占拠した地区に住んでいるくらいですから（デイヴィッド・シムズ『カイロを理解する』２０１２年、未邦訳）。

日本のコンビニにあたるのが「キオスク」です。その数は各通りに一軒はあるほど多く、忙しくて買い物できなくても、電話一本で夜中でもトイレットペーパーからミネラルウオーター、頭痛薬、洗剤、キッチン用品までなんでも配達してくれます。Amazon の当日配達サービスが昔からあるような感じです。顔見知りになれば、つ

▲これでも現役タクシー

け払いもできます。

不在配達の心配もいりません。アパートの門番が預かってくれるからです。どんなに古いアパートにも住み込みの門番が必ずいて、夜間は門に常駐し、不審者が入ってこないよう監視してくれます。門番の家族も屋上に住んでいます。

門番は見張りだけではなく、必要なときには水道の修理から路上駐車の見張り、買い物、掃除まで、なんでも手伝ってくれます。セキュリティ兼なんでも屋さんです。

門番家族は自給のために屋上で鶏やウサギをよく飼っています。私はお金のなかった留学時代、門番からときどき卵や肉をもらったものです。安アパートであっても、カイロの暮らしは、24時間のルームサービス、セキュリティ、お手伝いさん付きのマンションにいるようなものでした。

▲安いパン

経済的にゆとりのない留学生であれば、アパート代に1、2万円、食費・遊びその他生活費に2、3万円、あわせて月3万から5万円で暮らすことも可能です。国家公務員の初任給がわずか1200ポンド（約7200円）ですから、それでも贅沢なぐらいです。

▲デリバリーの食事、ライスの上にチキンそして野菜たっぷりのサラダ

▲エジプト名物　モロヘイヤスープ

■カイロを知らずして世界を語るなかれ

カイロ留学にはさらにメリットがあります。競争が少ないので、がんばれば頭角を現せます。まだカイロのポテンシャルに気づいていない人が多いため、優秀な人材が少ないのです。

GPCIインデックス2017（世界主要都市の魅力指標、「都市戦略研究所」調べ）という指標があります。これは世界主要都市の「パワー」、すなわち各大陸から創造的な個人や企業の誘致、資金を調達する能力を測るもので、都市機能の総合力評価です。この指標によると、カイロのGPCIは44都市中43位。その前は5年連続の最下位でした。

ジャンル別にみれば、経済分野43位、研究開発44位、文化交流38位、居住性39位、環境42位、交通・アクセス39位となっています。

この結果をどう見るか。これを「カイロは魅力に乏しい街だ」と見るのはきわめて凡庸な見方です。そうした見方ではカイロの魅力は決して理解できません。

「カイロは世界からクリエイティブな人材を寄せつけないパワーに満ちている」と見るのが、カイロのポテンシャルを引き出す見方です。つまり、凡人でも、成功する確率が高い都市なのです。

世界銀行によれば、経済成長著しいベトナムやナイジェリアに並んで、エジプトを起業コストが低いビジネス・フレンドリーな国の筆頭に掲げています。

市場規模も十分あります。２０２０年にはエジプトの人口は1億人を超え、50年には1億５０００万人を上回ると推定されています（国連統計）。そのころには「エジプトの経済規模は世界トップ15位となり、韓国やイタリア、カナダを上回る」という予測もあります（『ビジネスインサイダーＵＫ』推計）。

同じ言葉を話すアラブ諸国22カ国をひとつのマーケットと考えれば、２０５０年、ＥＵを超える約6億５０００万人（国連推計）に達する巨大商圏が誕生しています。

政治家や高級官僚、ジャーナリスト、ソーシャルビジネス等を目指す人にとっても、カイロ留学は魅力的な選択です。

これらの業種では東大や欧米の有名大学出のエリート意識の高い人たちが幅をきかせています。しかし、彼らに対して一切ひるむことのないパワーを与えてくれるのがカイロです。

「どうしてまた、カイロへ？」と聞かれたら、こう答えてみましょう。

「カイロこそ世界最古の都市文明の象徴です。人類の歴史において、カイロは一貫して、アジア、ヨーロッパとアフリカの3つの歴史と文化をつなぐ架け橋の役割を果たしてきました。現在もアラブ・中東・アフリカ・地中海世界における最重要都市です。カイロを知らずして、どうして世界を語れましょう」

カイロ留学の動機を質問する者に世界認識の狭さを露呈させると同時に、自分が彼らの知らぬ広い世界を経験していることをアピールするわけです。

東京はGPCIインデックス3位と世界で最も競争の激しい都市のひとつです。その代表である小池氏は都知事として、同43位のカイロ留学を武器に、東京エリートを抑え込む逆転の発想を駆使しているのです。

これがカイロ仕込みの説得術です。次章ではカイロでしか学べない筋金入りの交渉術について筆者の経験をふまえてご紹介していきます。

第1章

カイロ流交渉術の極意

■交渉術は必須科目

老獪《ろうかい》な交渉術を日々、身につけられるのも、カイロ留学のメリットのひとつです。

交渉術は混乱の中で生きていくのに不可欠な技術です。現実世界では、交渉次第で不可能が可能になることもあります。ただし、それにはスキルが必要です。古代から人々の交流、物品の商流が盛んなカイロはそのための技が発展してきた歴史があります。カイロは交渉術の格好の学び場なのです。

カイロ大学では入学からして交渉術は必須です。日本人向けの入学枠がなく、入学試験さえありません。大学院に留学するのであれば、日本の大学からの推薦や受け入れ先のカイロ大学との協議でまだ可能性はあります。また、アラブ系の学生であれば国同士の協定があり、受け入れ体制が整っています。しかし、日本の高校卒業後、直接、カイロ大学に入学する正規のルートは存在しません。

では、どうやって入るのか。

いちばんシンプルな方法は、「入れてくれ」と直談判することです。冗談ではありません。著者や小池百合子氏はこの方法でカイロ大学へ入学しました。

小池氏の場合、文学部学部長に直談判しています。最初はアラビア語の語学力不足で「ノー」

回答でした。猛勉強の末、改めて交渉し、入学許可を勝ち取っています。

私が留学した1992年当時、カイロ大学との直接交渉の道は閉ざされていました。ちょうど学生運動やテロ事件が相次ぎ、国家による大学管理が厳しくなった時期です。何度、カイロ大学に行っても所管省の高等教育省に行けといわれます。

同省の窓口の中年女性に聞きましたが、「入れない」の一点張りでした。そこからが交渉の始まりでした。「入れない理由はなんですか」と理詰めで迫ります。「入れない理由」がわかれば、それをつぶせば入れることになります。「理由をいってくれ」と詰め寄りました。

▲高等教育省。カイロの中心街に立つ

しかし、窓口のおばちゃんはまったくやる気を出してくれません。エジプトの公務員は終身雇用で、入ってしまえば定時から定時までいれば、何もしなくても給料がもらえます。窓口で人が列をなしていても、中で同僚同士でお茶を飲んで、おしゃべりしているというのは普通の光景です。

それでも窓口がここしかないので、毎日、高等教育省に通いました。私の姿を見るとおばちゃんは露骨にイヤな顔をします。それでもこちらは元気に挨拶をして、いつものようにどうすれば入れるのか、私の入学の件はどうなったのかと聞き続けました。毎日通うのもたいへんなので、高等教育省の目の前のアパートに引っ越しました。暇さえあれば、一日のうちになんども顔を出して、おばちゃんが窓口の向こうで昼ご飯を食べているときに、「私の入学手続きはどうなっていますか」と聞くわけです。そんなことを続けるうちに、相変わらずおばちゃんは何もしてくれないのです

▲現在の留学生課の様子、雑然とした書類の山

が、ときどき世間話などするようになりました。

それでも、上司が海外に出張していて確認が取れないなど、何かと拒む理由をつけます。エジプトでは官僚主義が染みついており、とにかく余計なことをしないことにかけては徹底しています。多くのエジプト人は「事なかれ主義」で、消極的自由を楽しむ人たちなのです。

カイロ大学の新学期が10月からだったので、なんとしてもそれまでには許可を取りたかった。毎日、それこそ朝、昼、夕方と通いつづけました。おばちゃんは「あんたは悪魔だ」とか「あんたが夢に出てくる」などというようになりました。

■文部大臣に直談判

省に通いつめる一方で、別の手も打ちました。高等教育大臣が毎週金曜日にお祈りにやってくるモスクがあると聞き、そこで直談判することにしました。大臣の姿を認めると、そのかたわらにいって「文明の発祥地でありアラブの盟主、エジプトの文部大臣よ！　日出ずる国からわざわざ勉強しにきた好青年を受け入れないとは両国の損失！　あなたの了見の狭さは歴史に名を残すだろう」と訴えました。

大臣への直談判の効果があったかどうかは分かりませんが、それでも毎日通い続けるうちに、おばちゃんはこちらのいうことに対して反論したり、弁解するようになってきました。これは歓迎すべきことです。対話することで矛盾や問題をつぶしていける土壌ができるのですから。

おばちゃんはついに、エジプト人の場合は高校の卒業証明書と成績証明書が必要だが、あんたにはそれがないと答えました。成績証明書といえば、通知表です。さっそく日本から通知表を取りよせ、アラビア語に翻訳して交渉開始です。

まず、在カイロ日本大使館に頼みこんで、その翻訳が正しいことを示すレターと捺印をもらいました。また、5段階評価の通知表について説明文書を添付。5は100点相当、4は95点、3は90点のような手前味噌な換算表です。日本の通知表の「5」を「100点満点の5点」と勘違いされたら、どれだけ交渉力があっても、とんでもない「落第生」とみなされます。説得力がまったくありません。

不思議なもので、私が翻訳した通知表と換算表に、大使館のレターがセットになると、あたかも公式文書にみえてくるものです。満を持して、書類を提出しました。

その数日後、いつものように窓口に行くと、おばちゃんがシュワルマ（羊肉のサンドウィッチ）を取り出して食べようとしていました。それを包んでいた紙を見ると、そこに私の名前が書いてあるのが見えたのです。

「あれ、それ私のじゃないですか？」と聞くと、「そうよ」といって、その紙を渡してくれました。それが私の入学許可証でした。あなたには負けたわ、よくも私によけいな仕事をさせてくれたわね、という意味でのエジプシャン・ジョークだったのだと思います。

合格の次は学部選びの交渉です。エジプトの場合、高校卒業試験の点数によって、難易度の高い学部に入れるかどうか決まります。私の場合、手前味噌な通知表換算のおかげで、「卒業試験」

▲通っていた高等教育省の付近の街並み、ちなみに2017年現在

が満点に近いと判断され、「君ならどこの学部でも好きなところを選んでいい」と太鼓判をおされたのには笑いました。

こうして見事、入学を勝ち取ったのです（入学後のカイロ大学留学経験については、7章をご覧ください）。

■運転免許も交渉次第

交渉術といえば、カイロの自動車学校での出来事を思い出します。試験日前日、担当の教官からこう頼まれました。

「試験車が足りないので、学校まで車に乗ってきてくれないか」

まだ免許もないので車で試験場へ来いというのは、日本ではありえません。

「先生、それでは無免許運転になりますよ」

「問題ない。学校までたどり着ければ、ちゃんと公道を運転できる証明になるじゃないか。合格率が上がるぞ！」

教官の言葉とも思えませんが、ここはノールールのエジプト。これぐらいでは驚きません。しかたなく私は急きょ友達に連絡して車を借り、学校まで運転して行きました。

いよいよ試験スタートです。一通りの実技を無事終え、合格かどうか先生の言葉を待ちます。

ところが、結果は不合格！

「どうして不合格なんですか？」と教官にたずねると意外な言葉が返ってきました。

「この車は、違法車だからだ」

あきれました。自動車に乗ってこいといったのは教官です。常識的に考えれば怒って反論する場面でしょう。

しかし、ここで腹を立てたら交渉になりません。こんなときこそ相手のねらいはどこにあるのかを見ぬかなくてはなりません。教官のねらいは明らかでした。バクシーシの額をつり上げることです。

バクシーシとはいわゆる心付けのことです。カイロ生活ではさまざまな場面で日々バクシーシが要求されます。ただ、それは純粋な心付けというより、相手から要求されるケースがほとんどです。たとえば渋滞していると、頼んでもないのに雑巾で車の窓ガラスをふいてくれる人が現れます。拭き終わると窓ガラスをたたいて、「バクシーシ！」と請求してきます。

もともとバクシーシとは「目上から目下に与えること」を意味する中世ペルシャ語に由来します。つまり、自分を相手より下に置けば、バクシーシは自動的に「与えられるべき（金・モノ）」ものになります。

バクシーシの文化は、貧者にとって生活の知恵であり、サバイバル手段です。与える方も、日々バクシーシを求められることで、いつ相手と状況が逆転するかわからないという天命の認識を新たにします。このロジックを交渉に利用するのです。

たとえば、「何かをくれ」といわれたとき、「私の方が君より貧しい。バクシーシ！」と宣言します。これによって相手が目上、私が目下になります。相手が「いや、私のほうが貧しい」と反論してきたら、「私はこのTシャツ一枚しか持っていないけど、君は下着のうえにシャツを着ているではないか」といいます。すると、相手はシャツを脱いで、私にくれようとするかもしれません。これを受け取ると、また形勢逆転されてしまいます。

カイロの生活はバクシーシをめぐるこうした応酬の連続でした。その際、何より重要なのは態度です。

相手がだれであろうとも、どんな危険な状況に見えようとも、自分を相手の目下に置く自然なふるまいを身につければ、そこには調和がうまれます。

▲渋滞を狙ってティッシュを売る売り子

相手に対するリスペクトを持ちながらも、自分を卑下することなく、対等な人間として相手の懐に入っていく。それがバクシーシ交渉の極意です。

カイロの自動車学校の話に戻りましょう。もともとエジプトで外国人が正式な手続きで免許を取ることは至難の業です。道交法なども覚えなくてはならず、しかもアラビア語です。

しかし、教官の中には外国人をかんたんな実技だけで合格させてくれる者もいます。見返りに相場のバクシーシを支払うのが通例です。それさえ払えば、たとえ実技があまりできなくても合格させてくれます。私もそのつもりでいたのですが、この教官は相場以上のお金が欲しくなったのでしょう。そこで生徒にわざと違法行為をさせ、「それをばらしてほしくなかったら、もっと払え」という脅し戦術に出たのです。ここで教官のねらい通りに、私が多めのバクシーシを渡せば、不合格はその場で撤回されることはわかっていました。しかし、それでは相手の思うつぼです。私は何もいわずに車を急発進させました。教官はあわてました。

「どこに行くんだ？」

「軍の中央司令部です」

「どうして？」

「自白するためです」

「何を？」

「この車は軍の諜報部（アルムハバラート・アルハルベイヤ）のお偉いさんの息子さんに頼み込んで借りました。それなのに私は違法行為をしてしまった。私だけでなく、貸した彼も犯罪者になります。申し訳ないので、お父さんに報告して謝罪しなくてはなりません」

「ちょっと待て！」


エジプトは軍事政権なので、すべての権力は軍に行きつきます。中でも軍の諜報部といえば、だれもが恐れをなします。一介の自動車学校の教官が軍ににらまれたら、その後の人生は真っ暗です。あわてるのも当然です。教官は手のひらを返すように不合格を撤回しました。


「ありがとうございます」

「礼には及ばない。君は立派に合格だ」

「先生のおかげです」


といいながら、私はズボンのポケットからバクシーシを取り出しました。といっても、初めに渡すつもりだった相場の半分だけです。

相手の小ずるい引き上げ工作を逆手にとって、逆に半額の割引に成功したのです。それを受けとると先生は何事もなかったように「神に感謝！」といって去っていきました。目論見が外れ、しかも相場の半分しかバクシーシがもらえなかったにもかかわらず、教官の振る舞いはきわめて自然でした。

すべてを神に委ねて、最高の演技をする。シナリオどおりにいかなくても、最後は「神に感謝」で締めくくる。こんな天性の俳優たちがそこら中にいるカイロが面白くないはずはありません。カイロという街はリアルな演劇空間です。その演劇の行方を左右するのがバクシーシ交渉なのです。

小池氏のカイロ大学留学記にも、バクシーシを題材にした体験談がのっています。卒業記念にピラミッドに登って頂上で振袖を着て、お茶をたてたという有名なエピソードです。

ピラミッドに登るのは違法行為です。それを盾に、警備員が「おーい。ピラミッドは登っちゃいかんのだぞ」と女子学生・百合子を追ってきます。もちろん、それは建て前で目当てはバクシーシです。それを知っている小池氏は「登ってから払うわ」といってピラミッドを駆け上がります。

しかし小池氏は登ってきた面とは反対側からピラミッドを降りると、すぐさま車に乗り込み、バクシーシを払わぬまま逃走に成功します。このシーンを小池氏は回想しています。

「今から思えば、三ポンドくらい気持ちよく払ってあげればよかったかもしれない」

これはいわゆる後ろめたさの感覚とは違います。むしろ、警備員との掛け合いが未完に終わってしまったある種の不完全燃焼といえるかもしれません。わずかなバクシーシをケチッたことにより、不法者の女子学生と正義の警備員がイーブンな関係に舞台転換する役を演じきれなかったのです。これでは女優失格です。

■なんで靴紐を盗むのだ

超満員のバスに乗っていたある日のことです。2人の車掌が体をねじり無理やり移動しながら、一人一人にチケットを売っています。その混雑の中で物売りの子供がガムなどのお菓子などを売りに来ます。バスを降りたら、私の靴紐が消えてなくなっていました。ハッとしてまわりを見回すと、すぐそばに露天商が路上に店を出していました。見ると、そこに見覚えのある靴紐があります。まぎれもない私の靴紐です。

バスに乗っていたときに子供の売り子が盗んで、露天商に売りつけたのでしょう。それにしてもなんというすばやさ。あっけにとられましたが、ここで「俺の靴紐を返せ！」といった野暮な主張は通じません。「知らない」といわれれば終わりだからです。

そこで何げなく露天商に近づき、素知らぬ顔で買い戻そうとしました。ところが、露天商は私が所有者だと感づきました。ばつの悪い顔をするかと思いきや、そこはエジプト、逆に法外な値段をふっかけてきました。相手を不利な状況に追いやり、弱みに付け込むのは交渉の基本です。

どうやって靴紐を取り返せばいいのか。これまでカイロで1年暮らした経験の生かしどころです。

私は露天商にあいさつ代わりにこう声をかけました。

「私は日出る国・日本の貧しい農村から歩いて、〝世界の母〟にたった今、たどりついたところです。貴国の7000年の偉大な歴史を学びにきました。アッラーよ、貴殿を寛大にしたまえ」

〝世界の母〟とはカイロの別称です。アラビア語で「ウンムッドゥニヤ」といい、アラビアンナイト（千夜一夜物語）の一節「カイロを見たことがない人は、世界を見たことがない。（中略）カイロは世界の母なのだから」に由来し、エジプト人の間でもよく使われる言い回しです。

何千年も絶えることなく栄えてきたカイロを説話師がこう描写したのです。この表現には、あ

▲1993年当時のバスの様子、この状態でも全員乗り込む

たかも世界の創造はカイロで起こり、いまもその創造が続いているぐらい偉大な唯一無比の都市という意味が含まれています。

このような脈略のない大言こそ、カイロっ子が得意とする表現です。アラビア語では、「タアキード（断定）とムバーラガト（誇張）」と呼ばれる表現スタイルです。こまかな事実関係より、とにかく強調することに主眼をおきます。それによって、語り手は自らの言葉に酔い、聴衆・読者の感情を揺さぶっていきます。その結果、事実が真実なのではなく、聴衆が受け入れた誇張が真実になるのです。

交渉のポイントは、これぐらい壮大で脈略のないメッセージを堂々と宣言することです。内容が靴紐とまったく関係ない大きな物語であればあるほど、効果的な宣戦布告になります。

話をもとに戻しましょう。案の定、私の「日出る国から歩いてきた……」という発言に露天商は興味をかきたてられたようでした。

「日本から徒歩で何日かかったんだい？」

手応えを感じた私は、さらにこうたたみかけました。

「千夜一夜（アルフ・ライラ・ワ・ライラ）！」

すると露天商はにっこりと微笑み、「千夜一夜の世界にようこそ！」といって握手をもとめてきました。

千夜一夜とは『アラビアンナイト』の正式名称です。千夜一夜物語は15世紀のカイロで今の形にまとめられた世界の物語文学の代表作です。カイロっ子なら誰でも知っています。この一言で、私はもはや靴紐を取り返しにきた敵対者ではなく、歓迎すべき客人へと昇華したのです。そこで私は間髪入れず「お土産をください」と要求しました。

「お土産をくれるのは異国からやってきたお前の方だろ（笑）。でも、何が欲しい？」

「その靴紐です」

露天商は苦笑しつつ「ほら、お土産（笑）」と靴紐を返してくれました。このように現実と虚構を織り交ぜたやりとりを楽しむ文化がカイロには残っているのです。

しかし、ここで「靴紐が返ってきてよかった」とほっとして、思考停止していてはいけません。露天商はまだ芝居を続けたいらしく「こっちの紐もどうだい」と新品を売りつけようとします。ここで応じないのは不粋です。だからといって、いきなり断ったり、値下げ交渉をしたりするのは下品です。

すかさず「これは貴方のモノだ」といって返してもらったばかりの古びた靴紐を差し出しました。すると、露天商は反射的に「これがあなたのモノだ」と新品の靴紐を差し出しました。これがカイロ流の演劇的交渉の真骨頂です。

「俺のモノはお前のモノ」「お前のモノは俺のモノ」、そんな思考や行動の様式がカイロっ子のDN

Aには埋め込まれています。互いの差し出したものを断るふりをしながら、自然に交換するのです。

この演劇的交渉のおかげで盗まれたはずの靴紐は新品に生まれ変わりました。でも、まだ終わりではありません。ここで別れては互いの関係がイーブンになりません。カイロ流としては、新品を差し出してくた露天商の寛大さにバクシーシを出すのが粋な計らいというものです。その額は新品の紐にふさわしいと思われる金額が妥当です。新品と中古との差額を計算するような偏狭な考えをしてはなりません。

バクシーシを渡すと、すぐに露天商は握手をもとめてきました。握手しながら、私は「靴に紐を通してくれないか」と頼みました。露天商は「お安い御用」と快諾し、私の足下にしゃがむと紐を通してくれました。

紆余曲折をへて、「靴紐を盗まれた人」と「盗んだ靴紐を売っている人」という非対等な関係は解消され、「歩き疲れた旅人」と「その靴紐を新品に替えて結びなおしてくれた善人」という新たな関係が再構築されたのです。別れ際、露天商はこういいました。

「神は、あなたの苦しみを取りのぞいてくださる御方」

くたくたの靴紐をしていた私に新品の靴紐を授け、歩みの苦しさを取りのぞいてくれたのは自分ではなく、神だというわけです。さすがカイロっ子、一枚上手です。私も同じ言葉を露天商に返し、「神よ、私の古びた紐が別の旅人の足元を楽にしたまえ」と願をかけました。

路上で実践した、カイロ流交渉術はたんに駆け引き上手になる方法ではありません。自分の思考の軸や世界観がどこにあるのか、その根本と多様性に気づかせてくれます。それは、交渉相手を通じて、自分を取り巻く世界について自分の言葉と演技で伝え、相手の異質な、ときとして邪悪な世界観も分かち合う過程で初めて気づくものです。

ただカイロの日々の交渉で直面する緊張感とストレスは並大抵のことではありません。長年の路上での演技に疲れたカイロっ子たちは、若くして老けます。平均健康寿命は62歳（日本は74歳、『WHO調査』2015年）です。

ストレスを解消するいちばんは甘いモノです。紅茶に入れる砂糖は5杯ぐらいが標準です。エジプトならではのカフェのメニューに「スッ

▲カイロに点在する露店や市場

カル・ジャーダ（白砂糖増量）」というのがあります。これは「過飽和（スプーンでしっかり混ぜても、砂糖が溶けきらないで残る状態）の砂糖を入れたお茶・コーヒー」という意味です。

ティータイムは、紅茶という溶液に砂糖の粒子が無数に浮いた状態を眺めながら、飲み干すのがカイロ流です。少し甘さを控えめにするには「マスブート」を頼むといいでしょう。「（飽和点きっかり）」の砂糖の量が楽しめます。

このような有様ですから、エジプト人の砂糖消費量は日本人の3倍近くにもなります（国連FAO統計）。ダイエットとは無縁の世界です。「太りすぎか肥満が人口の7割におよび、人口の11％が糖尿病でなくなります」（『世界の疫病負担研究』）。

それでも砂糖は庶民の生きる源です。とくに貧困層は砂糖をはじめ、基本食料の配給を受けています。ただ配給量は限られており、砂糖の値段があがれば、暴動騒ぎになることもあります。

■エジプト革命の火種はハシシだった!?

ストレス解消にはもうひとつ人気の手段があります。ハシシ（大麻）です。

ハシシは12世紀から800年も続くカイロっ子の嗜みであり、ささやかな楽しみです。現在にいたるまで、歴代のカイロ統治者が取り締まりを試みましたが、だれもうまくいっていません。

古くはマムルーク朝のスードゥーン総督（アミール）が1376年、撲滅に乗り出しています。大麻畑を焼き払い、常習者の歯を引き抜く刑に処しました。その後の為政者も、栽培や流通の禁止、在庫の没収を繰り返しますが、庶民の反乱にあい断念しています。

エジプト政府の調査では、人口の約1割がハシシを含む麻薬を習慣にしています（2007年）。その倍の2割、1500万人が吸っているとする専門家の見解もあります（『米国PRI（国際公共放送）』）。最近、発表された民間団体のデータでは、ハシシを含むドラッグの愛好家数は「4000万から4500万人」（『カイロ及びギザたばこ業者協会』）との推計もでています。ほとんど人口の半分弱です。カイロ最大のハシシ取引地区サイイダ・ゼイナブに住んでいたときの私の実見でも、半数近くが吸っていました。

ハシシがこんなに蔓延している理由のひとつは、『コーラン』でその吸飲が禁止されていないことです。イスラム4大法学派の中でも、カイロで主流のハナフィー派ではとくに大目に見る傾向が強く、15世紀に同派法学者のジャマル・アッディーンが「許容」の法解釈を下しているぐらいです。ただ、同じイスラム教徒でも、より厳格なハンバル派の人たちは吸いません。同派を代表する14世紀の法学者イブン・タイミーヤはアルコールと同様に酩酊作用があるとして、「禁止」の法解釈を出しています。

しかし、ハシシ愛煙家は「カイロの喧噪にもまれたあとの一服は至福」だといいます。「安眠」

「疲労回復」「性生活の改善」という目的もあります。結婚式などのお祝いの席では来客にふるまわれることもしばしばです。カイロ大学のキャンパスや寮でも愛煙家をみかけました。「授業の前に集中力を高めるため」というのが学生の口実です。現代でも本気で取り締まりを強化したら、砂糖の暴動どころの騒ぎでは済みません。実際、2011年のエジプト革命の火種はハシシという説もあります。その前年、エジプト内務省が「ハシシ取引の完全撲滅」を宣言しました。没収が相次ぎ、末端価格が高騰しました。さらには入手困難になり、愛煙家の不満が頂点に達するか、フェイスブックにある動画がアップされます。

警官の一団が没収したハシシを独り占めにし、暴利をむさぼっていた実態を暴いたものでした。その様子を撮影したハーリド・サイードは警官の逆恨みをかい、ネットカフェにいたところを急襲され、無残に撲殺されてしまいます。暴徒と化した警察は、サイードが息を引き取る前に、大量のハシシを彼の口の中に無理やり押し込んだと目撃者（ネットカフェのオーナー）が語っています。「ハシシの大量摂取による窒息死」（事件後の警察発表）にみせかけるためです。愛煙家にとって、他人事ではない事件です。権力に目をつけられたら、いつ何時、変死扱いされるかわかりません。

この事件の様子が別のフェイスブックにアップされ、革命運動への動員の発端となりました。庶民の楽しみを奪い取ろうとした権力側の腐敗、残虐性への怒りです。エジプト革命は一般には民主化運動といわれていますが、その広がりの根底にはハシシ愛煙家の存在もあったのです。

こうしたカイロの過激な一面をみると、さぞかし治安が悪い街なのだろうと想像されているかもしれません。しかし、そんなことはありません。靴紐をくすねるようなコソ泥はいても、人を傷つけたり、命を奪ったりするような凶悪犯罪は世界的に見ても少ないのがカイロです。

たとえば、カイロでの平均的な年間殺人件数は43件で、世界でもっとも安全な大都市といわれる東京の55件より少ないのです。世界の主要都市における人口10万人当たりの殺人死亡率も、東京に次いで最も少ないほどです（『UNODC（国連薬物・犯罪事務所）調査2000-2010』）。

日本人留学生が多く、治安がよいといわれているカナダのトロントでさえ、殺人死亡率はカイロの2倍。ロンドンで3倍、ソウルでは5倍です。近年治安がよくなったといわれるニューヨークでは10倍以上です。

▲アシュワイヤート（無秩序地区）のひとつ

つまり、東京並に安全な海外留学を望むならば、最もふさわしいのがカイロなのです。治安がよくて、しかも山積みする新興国の社会問題を現場で学べる。この2つの条件を満たす都市はカイロしかありません。

そのカイロの数ある社会問題の中でも、最たるものに住宅問題があります。すでに紹介しましたが、カイロの住宅の63％は違法建築です。その多くはいわゆるスラム街にあります。スラムとは政府の許可なく勝手に占拠した居住地のことで、アラビア語では「アシュワイヤート」（無秩序な存在）と呼ばれています。

こうした地区はカイロに全部で14ほどあり、占拠する人口は1000万人超。人口の半数近くに及びます。カイロはただの大都市ではなく、世界を代表する巨大な「無法地帯」だったのです。

▲カイロのナイトクラブといえば、ベリーダンス

違法占拠ですから、そこでは当然、行政サービスは受けられません。水道も下水道も電気も公道も住民がみずから開発しています。警察はいませんが、自衛団はいます。高級マンションはありませんが、高層アパートならあります。規制は存在しませんから、合法地帯より広くて快適なアパートが安く借りられます。

筆者は、留学中しばしばこうした地区に通い、そこで知り合ったエジプト人と交流したり、アルバイトをさせてもらったりしました。最初に無法地帯に立ち入ったのはある日の夜明け前でした。連日の夜遊びに疲れ、いつもより早く午前2時ごろにクラブを出たとき、たまたま荷車をひくロバにのった少年が通りかかりました。荷車にはゴミが満載でした。どこへ行くのだろうと好奇心が湧いてきて、私は少年を呼び止めました。

「どこへ行くんだい?」

少年は一言「ムカッタム」と答えると、そのまま行こうとしました。それを制して私はいいました。

「そこへ連れていってくれないか」

少年は「いいよ」といいました。

ムカッタムとはカイロの南東のはずれにある丘です。

▲夜のナイル川

そこは大都市カイロのゴミ収集を生業とする人たちがかたまって住んでいる地区です。少年もその一人なのでしょう。いちど足を運んでみたいと思っていたので、そのままゴミの満載された荷車に飛びのりました。

ロバのひく荷車は、カイロのダウンタウンから旧市街へとのろのろと進んでいきます。荷台からながめるカイロの光景は格別でした。ナポレオン遠征時の近代フランス、植民地下のイギリス様式の建物。中世イスラム帝国のファーティマ朝からトルコのマムルーク朝の建築物、エジプト独自のコプト・キリスト教の教会などを見ながら、やがて「死者の街」と呼ばれる墓地の広がる地区を通りぬけ、一時間ほどでムカッタムにたどりつきました。

▲ロバで移動するカイロのゴミ収集人

▲ゴミを収集する父子

荷車を降り、少年にお礼にお金を渡そうとすると、彼は「ぼくは働いているから」といってかたくなに断りました。自動車学校の教官とは大違いです。

私は感心して「それなら、君の仕事を教えてくれないか」といって、その10歳くらいの少年に弟子入りすることにしました。

少年はムカッタムに暮らすゴミ収集人の一人でした。ゴミ収集人のことをアラビア語で「ザッバール」といいます。ムカッタムに住むザッバールの数は二万人に達するといわれていました。住んでいるというより、ゴミの中に埋もれて生活しているといった方があたっているかもしれません。それから私は少年といっしょに荷車でゴミの収集を行う作業を手伝いました。

その中でわかったことは、彼らがキリスト教徒で、アフリカ最大の都市であるカイロのゴミの大半を一手に収集し、処理していること。そしてそのゴミを餌にして豚を飼っていること、餌にならないプラスチックゴミなどはリサイクルしていることなどでした。

▲死者の街

豚の飼育はのちにカイロで新インフルエンザが流行した際、政府の介入で強制的に禁止されましたが、当時は、ゴミのあふれる家の敷地では大量の豚が飼われていました。

ムカッタムには3年ほど通いましたが、危険な目に合ったことは1度もありません。人びともとても親切でした。困ったことといえば、ゴミのとてつもない異臭でひどい頭痛に悩まされたくらいです。

カイロ留学中、私は秘密警察になんども捕まり、拘留されたこともありますが、すべて合法地帯での話です。無法地帯では、人が他人を無理やり捕まえたり、自由を拘束したりする法や権力が、そもそも存在しません。

国家による法の規制があるのが当たり前であるような世界に生きていると、自分たちが国家に依存するのも、支配されるのも当然であるという思考パターンがしみついてしまいます。

無法地帯は、そうした思考パターンをいったん初期化して、ゼロベースで物事をとらえ直す機会を与えてくれます。その意味でムカッタムでの経験はたいへん貴重でした。

このようにカイロをいろいろな視点からみていくと、「世界の住みやすい都市ランキング」(『英エコノミスト・インテリジェンス・ユニット』2015年)でカイロが140都市中121位であるのもうなずけます。分野別にみると、社会インフラ117位、医療水準122位、教育水準129位となっています。いずれも世界最低水準です。

カイロで大学生活をおくれば、新興国の社会問題を24時間365日、実地で体験できるわけです。学問が世の中の問題を解決するためにあるとすれば、カイロは街全体が最高に刺激的な教科書に他なりません。

ただ、誰も答えを教えてくれません。わかっていれば、こんなに問題が山積みになるはずがありません。答えの出し方を学べるはずの教育自体も世界129位と問題だらけです。別の統計では、エジプトの教育水準は144カ国中141位(『WEF(世界経済フォーラム)』)となっています。

エジプト最高峰のカイロ大学がその教育問題の象徴です。詳しくは、2章以降で詳しく述べていきましょう。

▲インフラ整備が遅れたカイロの街並み、パッと見廃墟

第2章

世界最強の大学——カイロ大学

■カイロ大学最強説

カイロが世界一刺激的な都市だとすれば、カイロ大学は世界最強の大学です。

この「カイロ大学最強説」が2章のテーマです。

世の中に硬派さを競う〝最強大学ランキング〟が存在すれば、間違いなくカイロ大学は世界ランク一位の座につくでしょう。その理由はいくつもあります。

まず特質すべきは、カイロ大学の学生運動の激しさです。

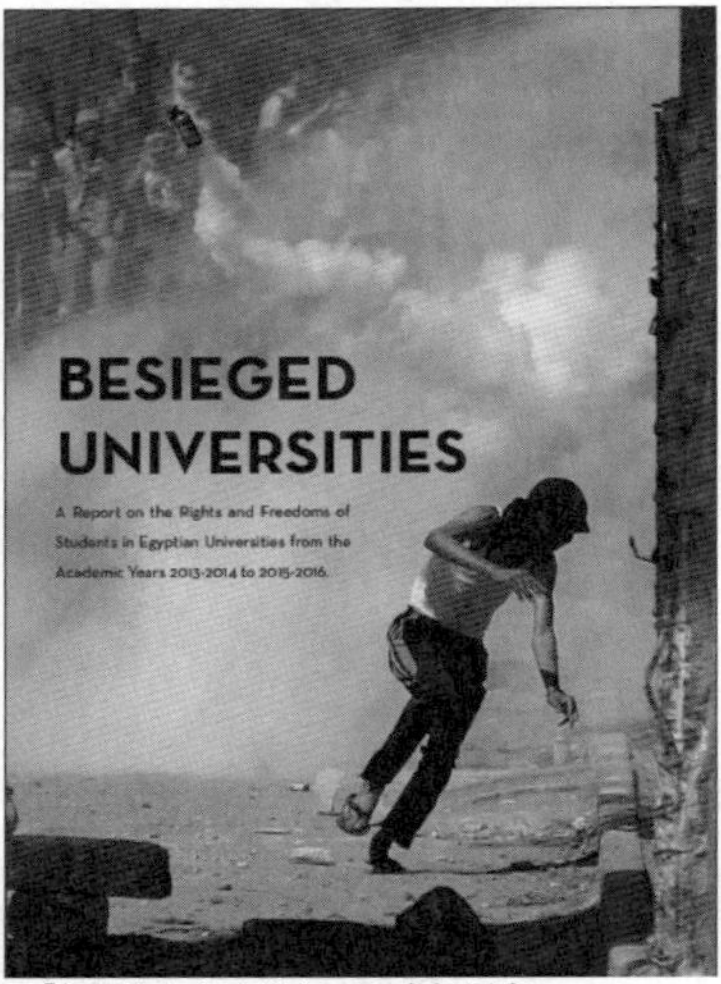

▲『包囲された大学』2017表紙写真

1908年の創設以来、カイロ大学では英国の植民地主義に対する闘争からはじまり、1952年の独立後は大学の国家管理に対する抵抗、現在は軍事政権への異議申し立てやイスラム国家への移行を目指した闘争が続いています。

逮捕者の数も桁外れです。2013年から2016年の4年間だけをみても、学生デモ等に参加したカイロ大学生の117人が逮捕さ

▲カイロ大学学生集会の様子（出所：『包囲された大学』2017）

れ、治安部隊との衝突で7人が亡くなっています。停学、退学などの懲戒処分を受けた学生数は145人にのぼります（エジプト人権団体・AFTEレポート『包囲された大学』2017年）。

別の調査では、2013年6月から2014年4月の1年弱でエジプト全土で逮捕された学生は1671人。死者数は191人で、その84％がカイロ大をはじめとするカイロ首都圏内の大学生です（「RCSS（地域戦略研究センター）」調べ）。

1章で「カイロは治安がいい」と書いたのと矛盾するようですが、そんなことはありません。殺人は少ないのは事実です。カイロ大で起こっているのは、その治安を維持するエジプト内務省治安部隊との死を賭した闘いです。自ら死を選んでいるわけであって、殺人ではありません。ちなみに、殺害した側の治安部隊は、反逆する学生の死を「超法規的な死」と定義しています。

しかし、これでは最強というより、〝危険な大学ランキング〟世界1位ではないか、とあきれる読者もいるでしょう。大学は本来、教育や研究水準で競い合うべきではないか。そう思われるかもしれません。

危険を冒す重要性について、「アラブの英雄」と呼ばれたエジプト独立の父ガマル・アブドゥル・ナセル（法学部中退、1918〜1970）はこう断言しています。

「危険を冒そうとしない者は、人生にまともに立ち向かえない輩である。人生とは甘美であると同時に、苦渋なるものである。危険を冒さないものは、自ら生み出した恐怖の虜になる」

賢い学生や優秀な教授が集う大学なら、世界中にあります。実際、カイロ大学はかつてはアラブ諸国の大学ランキングではトップでしたが、いまでは4位に後退し（USニューズ『ベ

▲カイロ大学のシンボル「大講堂」。愛称は「アルオッバ」（ドームの意）

スト・アラブ地域大学ランキング2016』)、アフリカ大陸で5位(同前『アフリカのベスト・グローバル大学2016』)と地域内でさえ、トップの座を他校に譲り渡しています。

しかし、カイロ大学の魅力は別のところにあります。すでに申し上げたように、混沌《カオス》の世界で生きるとはどういうことかを学ぶための場所です。

留置所内試験

カイロ大には拘留された学生が試験を受けるための制度という、他大学には見られない仕組みがあります。

学生運動で逮捕されると、15日間拘留されます。15日が拘留の1クールで、罪状によって拘留期間が延長されます。拘留が3クール、4クールと続くと、当然、勉強についていけなくなり、進級が危ぶまれます。

そこで拘留者のために留置所内で監視のもと、静かに受験できる制度があります。会場に定員オーバーの学生が詰め込まれるキャンパスでの試験よりも恵まれた環境といえるかもしれません。

試験期間中のキャンパスはテロ対策の名目で、セキュリティチェックの厳しさも増します。試験会場を移動するごとにチェックを受ける煩わしさに比べると、留置所は警察だらけで、セキュリティがしっかりしていますから、落ち着いて受験できます。

もちろんよく考えてみれば、学生を捕まえて授業は受けさせず、試験だけ受けさせるのは変な話です。この矛盾にみちた寛大な制度も、カイロ大学の学風です。

学生が逮捕される場面には3つのパターンがあります。ひとつ目は学生寮の一斉捜索です。寮はさまざまなセクトのアジトになっているので、危険分子と見なされた学生を当局が一斉に逮捕するのです。2つ目はデモの最中につかまえるオーソドックスな手法。3つ目は学生が「夜明けの訪問者」と呼ぶもので、夜中の熟睡している時間を見計らって、治安部隊がアパートを急襲します。

逮捕の常習者は、「どうせ捕まえるんなら、起きているときにしてほしい」と苦笑します。「近所にも迷惑だし、悪評がたつと大家にアパートを追い出される。そうなると、釈放されたあとの引っ越しもたいへん」と同級生が筆者に語ってくれたことがあります。

しかし、運動家への急襲は珍しくなく、最近では2016年の1月に、カイロの中心街のアパート5000カ所が一斉捜索されています（『カイロ治安管理官』発表、カイロ大生以外を含む）。

いきなり軍事法廷にかけられることもあります。軍事法廷とは民事でも刑事でもない軍人をさばく裁判所です。大学生はもちろん軍人ではありませんが、無許可のデモは国家への反逆と見なされ、敵国軍人として扱われます。ここ4年（2013年から2016年）で、65人の大学生が軍事法廷行きになっています。軍事法廷はエジプトの最高裁と同格なので、判決が不服であろうと控訴はできません。

運が悪ければ極刑もあります。各国で死刑廃止がすすむなか、エジプトの年間死刑判決数は470人（国連調査2015年）と世界でも有数の死刑推進大国です。

学生の抗議運動等に対する治安維持のために、「強制失踪」の手段が用いられることがあります。強制失踪とは、秘密警察や治安部隊等の国家権力が学生を拉致し、行方不明にしてしまう取り締まり法です。人権団体ヒューマン・ライツ・ウォッチによれば、「カイロを中心にエジプトで1日に平均3人が消されています」。逮捕、起訴、裁判を経て、牢屋に入れられるのならまだしも、いきなり消されるのではたまったものではありません。

留置所ではしばしば行き過ぎた拷問や虐待が行われ、人権団体やマスコミによる告発は多数行われています。NHRC（エジプトの人権団体「国民人権評議会」）の調査では、「（2014年の）拷問件数は確認されただけで289件。性的虐待は16件」で、「劣悪な環境により2014年の10カ月だけで、留置所で90人が死亡」しています。

▲カイロ大学正門のセキュリティチェック

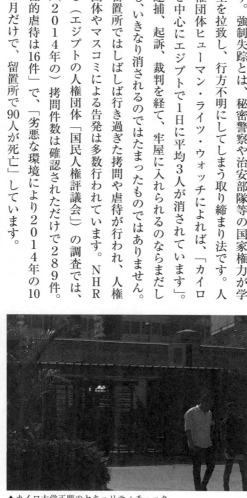

こうした拷問を受けた後、過激派に転じたり、海外の武装組織に加入したりする者もいます。そうした状況から、「エジプトの監獄は復讐の温床」、「エジプトの拷問はグローバル・テロの製造工場」と描写する人権団体もあります。ちなみに、エジプトの拷問はグローバルな〝サービス産業〟にもなっています。「世界各国から拷問目的で、囚人がエジプトに移送されています」(トーマスジェファーソン法科大学院教授マルジョリ・コーン氏)。自国では法律や人権への配慮からできない拷問がエジプトでは好き放題できるからです。とくにアメリカのCIAからの注文(CIA用語では「囚人特例引き渡し」)が多く、エジプトの諜報機関「総合情報サービス」(通称「ムハバラート」)が請負機関になっています。

■権力と闘うカイロ大生

物騒な話が続きましたが、エジプトの学生たちはこのような暴力的な権力に対し、つねに反旗を翻してきたのです。かつては宗主国であった英国に、そして独立後は政権や公安や警察に対して抵抗し、闘ってきました。カイロ大学が最強だというのは、こうした最強の権力に硬派な闘争で立ち向かってきたことを意味しています。

カイロ大の歴代出身者の中で、そうした闘争の精神を、身を持って体現していた人物を取り上げたいと思います。

すぐに思い浮かぶのはパレスチナ自治政府の初代大統領ヤセル・アラファト（1929〜2004年）と、イラクの元大統領サダム・フセイン（1937〜2006年）です。

アラファトは1970年から80年代、パレスチナの大義を訴え〝国際テロ〟で世界を震撼させました。フセインは1980年代から2000年代、イラン・イラク戦争から湾岸戦争、イラク戦争で世界の耳目を集めました。

共通しているのは二人とも非業の死を遂げていることです。アラファトは2004年、何者かに毒殺され、フセインはアメリカ軍に捕まり、2006年に絞首刑に処されています。

いまなお存命の有名人の中には、国際テロ組織「アルカイダ」指導者のアイマン・ザワヒリがいます。ザワヒリは1978年、カイロ大医学部大学院卒。90年前半から現在にいたるまで、大規模な無差別自爆テロ戦術で世界を恐怖に落としいれた人物です。9・11のアメリカ攻撃作戦のマスタープランを立案したのもザワヒリです。長年、国際指名手配中の身で、抵抗を続けています（2017年10月現在）。

3人の学生時代とその後をふりかえれば、世界史におけるカイロ大の位置づけが年代別にみえてきます。1950年代にカイロ大で過ごしたアラファト、1960年代のフセイン、1970年代のザワヒリと三者三様です。

■サダム・フセインも卒業生か?

まず、サダム・フセインからみていきましょう。フセインはイラクの高校を中退後、エジプトにやってきます。

1961年に、カイロ・ドッキ地区のナイル・パレス高校を無事卒業し、翌年、カイロ大学法学部に入学します。

フセインが過ごした1960年代のカイロはアラブ諸国から追放された活動家や亡命者であふれかえっていました。

カイロはフセインをはじめ、「アラブの統一」を目指す若い民族主義者にとってのメッカであり、カイロ大学こそその中心でした。フセインはエジプト人の同志たちと議論を交わし、アラブ民族主義の活動にのめり込んでいったのです。

このためフセインはつねに秘密警察からマークされていました。アパートを物色されたり、何度も逮捕されたりしています。彼の公式自伝『長い日々』(未邦訳)には、そんな大学生活が描かれています。

自伝には、執拗に彼を追いかけるある秘密警察が登場します。しかし、フセイン青年はひるみません。反撃に転じ、「殺すぞ」と脅した結果、捕えられます。留置場で拘束され、拷問を受けます。

カイロ時代のフセインは数々の物騒なエピソードに彩られています。

アラブの将来について、自分と意見の合わないエジプト人をアパートから突き落として逮捕されたとか、イラク人の仲間を殺害したとか、武器の不法所持で逮捕されたといった、真偽はともかく、その後の人生を予見させる波乱万丈な逸話に満ちています。

また、フセインはカイロのアメリカ大使館を頻繁に訪問し、ＣＩＡと接触したという証言もあります。

当時、エジプトの大統領ナセルは社会主義をかかげ、ソ連との接近を試みていました。フセインの故郷イラクのカーシム政権内では、共産党の勢力が増し、ソ連の影響が強まっていた時期でした。

▲サダム・フセイン

ときは米ソ冷戦時代です。共産主義と資本主義、どちらがアラブ世界の覇権をとるかのぶつかり合いでした。アメリカも負けてはいられません。
そこで、ＣＩＡのエージェントがカイロにいたフセインに目をつけ、イラクの親ソ政権を転覆するために、イラク・バース党（アラブ社会主義復興党）の下っ端の党員にすぎなかったフセインを手懐けようとしたのです。ＣＩＡはフセインのためにカイロの高級住宅街ドッキにアパートを提供しました。

こうしてフセインはアメリカと手を組みました。「敵の敵は友達」（アラブのことわざ。古くはインド起源）というわけです。カーシム政権はフセインの敵であると同時に、親ソの同政権はアメリカの敵だったからです。アメリカと関係を持ったフセインは、エジプトの諜報機関の監視下に置かれました。

エジプト当局はフセインを泳がせました。エジプトのナセル大統領とイラクのカーシム大統領がアラブの盟主争いで対立していたため、エジプトにとっても、「敵（カーシム）の敵（フセイン）は友達」だったからです。

このような複雑な利害関係の中でフセインは大学生活を送りました。米ソの中東覇権争いとアラブの盟主争いという熾烈な国際関係のなかでフセインは生き延びたのです。

ちなみにナセル大統領もカイロ大学法学部出身で、フセインの先輩にあたります。しかし、中退し、陸軍士官学校に入りなおし、軍人になります。20代の後半で、反英の自由将校団を結成し、1952年、30代半ばでクーデターをおこし、英国傀儡《かいらい》の国王（ファルーク1世）を追放の末、権力を掌握しています。

フセインをエジプトに招いて、カイロ大に入れるよう計らったのはナセル大統領だという説もあります。フセインのためにカイロのアパートを用意したのもＣＩＡではなく、ナセル大統領だというのです。

　どうして、そういう説が唱えられているのか。それはフセインが、イラクの共産主義化を進めていたカーシム大統領の暗殺にかかわっていたからだといいます。アラブの盟主になろうとしていたナセルは、アラブ統一をめざしていたフセインを同胞と考え、その身の安全をはかるためにカイロに亡命させたというのです。

▲２階部分がフセインが住んでいたアパート

　ナセルはカイロ大学を「アラブの統一」という思想の実践の場と考えていました。ナセルは次のように述べています。

「大学は国家・社会の発展を守り、その進路を切り開く前進基地である。大学は未来の保証であり、大学を大切にすることは、民主主義を大切にすることである。この主義を自分は未だかつて止めたことがない」

　フセインをはじめ、アラブの統一に共

鳴する若者たちをアラブ諸国からカイロ大学にその前線基地として、集結させたのです。

フセインは友だちづきあいもほとんどせず、勉強もあまりしていなかったようです。

フセインの日常生活を記したこんな談話があります。

「フセインはいつも孤独でした。ほとんどの時間を住んでいたアパートのバッワーブ（門番）とすごしていました。門番にはとても親切で、フセインはカイロを去ったあとも門番との親交を続けました。１９９１年の湾岸戦争まで、贈り物を定期的に送っていました」（アパートの近隣住人談）

フセインの大学生活は１９６３年２月に突如、終わりを迎えます。カーシム政権を転覆するクーデターに加わるよう、党から呼び戻され、カイロ大法学部を２年で中退しました。

フセインがカイロ生活で学んだこととはなんだったのか。公認の自伝『長い日々』によると、それは「我々に対して陰謀を企てるものは殺さなければならない」という思想だったようです。

▲フセインが通っていたインディアナ・カフェ

少年時代からフセインを知る人物は、カイロから戻ってきた彼についてこう語っています。

「バグダッドを去ったとき、彼は高校中退のただの悪ガキだった。カイロから帰ってきた彼は教育を受け、大人になっていた」

カイロからバグダッドへ戻ったフセインは中央農家事務所で職を得たのち、イラク農村部で庶民の間に自分の政治シンパ組織をつくっていきます。このネットワークを密告や諜報活動に利用していきます。

その後、フセインはバース党の諜報委員会のメンバーに抜擢され、政敵に対する尋問と拷問を担当し、成果をあげます。

とくに共産党員への拷問は熾烈を極め、政敵からは恐れられ、党員からも一目置かれるようになり、その後、党で出世街道を歩むことになります。

フセインはエジプトの秘密警察からうけた拷問教育とCIAから学んだ諜報教育をノウハウ化しました。それが秘密警察と諜報機関へと発展し、フセインの長期独裁政権を支えることになったのです。

▲フセインが通っていたインディアナ・カフェの内装

残忍な諜報活動に忙しい中、フセインは突如、バグダッド大学法学部に途中入学します。カイロ大学を中退してから5年後、1968年のことです。カイロ大を中退したことがそれほど、心残りだったのでしょうか。

「卒業試験の日、フセインは正装の軍服でビシッとキメて現れます。愛用していたリボルバー(回転式拳銃)を机におき、試験開始です。担当教官を脅すにはそれだけで十分でした。見事、法学士が授与されます」(『サダム・フセインのイラク』未邦訳)。

なんとも硬派な大学卒業です。

■20世紀テロの父!? ヤセル・アラファト議長

次に、フセインの10数年先輩にあたるヤセル・アラファトのカイロ大学時代を見ていきましょう。アラファトは中退したフセインと違い、工学部土木工学科卒を1955年に卒業しています。

アラファトはカイロ生まれのカイロ育ちのパレスチナ人です。父はパレスチナ・ガザ地区出身で、父方の祖母はエジプト人。アラファトが生まれたとき、家族は織物商としてオールド・カイロに店を構えていました。

カイロ大時代、アラファトはカイロ大学生の激しい反英植民地闘争と独立闘争に触発されます。

当時カイロには、イスラエル軍に故郷を追われ、離散したパレスチナの若者の多くが学んでいました。その総力を結集するため、アラファトは「パレスチナ学生連盟」を結成し、会長に就任します（1952～1956年）。卒業後も、「パレスチナ大学卒業者連盟」をつくり、OBのネットワークをつくりあげました。

連盟の主力メンバーはそのまま、のちにPLO（パレスチナ民族解放機構）の主流派となる「パレスチナ解放運動（ファタハ）」を結成します（1959年）。もとはといえば、カイロ時代の仲間が集ってつくった武装グループです。

カイロ大で身につけた反英闘争をアラファトは自分の祖先の地パレスチナの文脈に置き換えて、実践を開始します。反イスラエル武力闘争です。その先にあるのは、エジプトの独立革命と同様、パレスチナ人国家の独立構想がありました。

▲ヤセル・アラファト

その後、同志からは「ゲリラ戦の天才」と称賛され、敵からは「20世紀テロの父」と恐れられるようになります。しかし、工学部で学んだアラファトがどうやって、そんな戦闘能力を身につけられたのでしょうか。

じつはアラファトは軍事訓練をカイロで受けていました。当初、武力闘争のための武器もエジプトから密輸していました。

さきほど登場したナセルの革命が起きたのは、アラファトのカイロ大在学中でした。アラブの統一を目論んでいたナセル大統領にとって、アラファトが代表を務めていたパレスチナ学生連盟は便利な存在でした。アラブ民族主義の輸出部隊として、国なきパレスチナ人の学生組織をゲリラとして、育成していたのです。

ナセルが支援したのはアラファト一派だけではありません。他のパレスチナ人学生勢力にも軍事訓練をほどこし、どのグループが優秀なゲリラになるか競わせていました。のちにファタハのライバルとなる「パレスチナ解放人民戦線（PFLP）」の前身「アラブ民族運動（ANM）」もそのひとつでした。

そうした学生ゲリラ組織とアラファト一派に

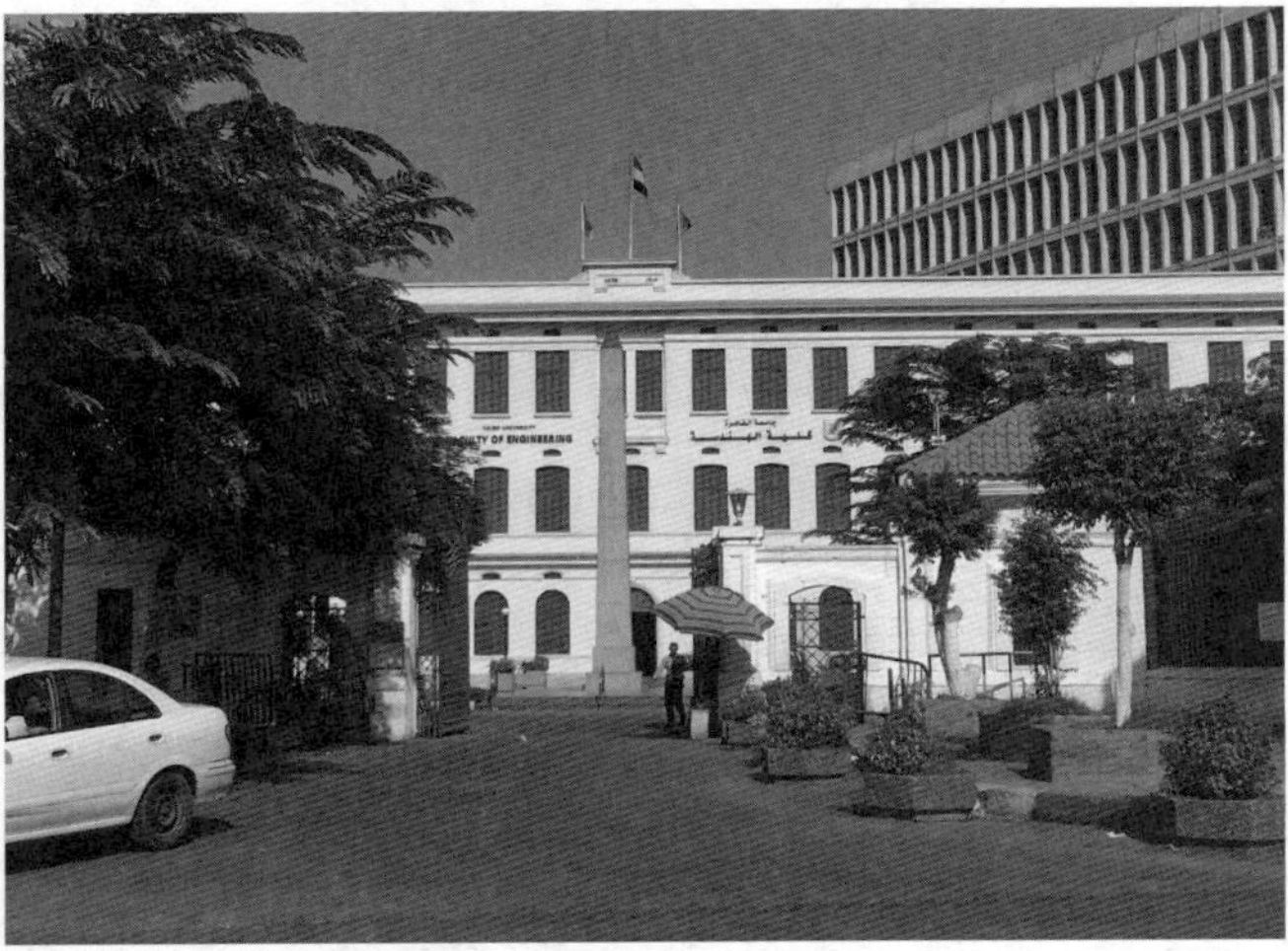

▲アラファトが学んだカイロ大学工学部

は大きな違いがひとつありました。アラブ統一が先かパレスチナ独立が先かの論争です。他の組織はナセルのアラブ統一の大義に影響を受け、その先遣隊になる一方、アラファトは一貫して、パレスチナ独立を目標に掲げました。

そのため、アラファトとナセルの間には溝ができました。アラファトはエジプトの軍事力を利用しながらも、ナセル政権からの指令にたえず従順ではなかったからです。ナセルにとってアラブ統一の駒にすぎなかったアラファトの反抗は許せません。アラファトにしてみれば、そんな荒唐無稽な政治目標の手段になるつもりはありませんでした。あくまで、イスラエル軍の〝植民地〟となったパレスチナの地を解放することに彼は目標を限定していたのです。

両者の溝は埋まらず、1956年、アラファト一派はエジプトから一時追放されます。

アラファトと親しかったカイロ大同窓生のエジプト人はこう語っています。

「アラファトが語るパレスチナ人の夢を、当時、ぼくたちエジプト人は理解していませんでした」

その後、アラファト一派は後輩の若いゲリラ部隊を育成します。アラブ統一のためではなく、パレスチナ独立のためのゲリラです。アラブ諸国に離散したパレスチナ人学生をリクルートし、ゲリラ戦術をほどこしていったのです（ただ、その際も、エジプト諜報機関の軍事部門の支援は続いていました）。

1969年、アラファトのゲリラ戦術がイスラエルの正規軍を初めて打ち破ります。これによって名をあげたアラファトは翌1970年、PLO（パレスチナ解放機構）の議長に就任します。

ところが、10年後の1979年、事態は急変します。エジプトがイスラエルと平和条約を結んだのです。これによってイスラエルの友となったエジプトは、イスラエルの敵であるアラファトを表立って支援できなくなりました。アラファト一派もエジプトから密輸していた武器調達が困難になります。武器なきゲリラは翼を失った鳥です。

その隙を見計らい、イスラエル側はPLO殲滅作戦を展開します。アラブの軍事大国エジプトの後見を失ったPLOなぞ、中東最強のイスラエル軍にとって赤子同然でした。

窮地に立ったアラファトですが、この状況を逆手にとります。1988年11月、「パレスチナ国」独立を突如、宣言。翌月12月には国連演説を行いました。演説の中で、アラファトの象徴である武装闘争を放棄し、イスラエルの生存を認めるという方針の大転換を果たします。自ら翼をもぐことで、〝弱い者イジメ〟をするイスラエルを国際社会の敵にしてしまう弱者の戦術をとったのです。これが功を奏し、イスラエルが妥協をはじめます。1993年、イツハク・ラビン首相との秘密交渉の末、イスラエルからPLOの承認をえます。翌年、アラファトとラビンはカイロでパレスチナ自治に関する合意に達します。こうして「中東和平への努力」に対して2人はノーベル平和賞をうけています。

そして、アラファトは本拠地をチュニスから、父の出生地パレスチナ・ガザ地区に移します。

カイロ大で運動を開始してから、約半世紀後のことです。

アラファトは、エジプトを追放されたあとも、外国を転々としながら闘争を継続しました。拠点はエジプトにはじまり、クウェート、アルジェリア、シリア、レバノン、ヨルダン、チュニジアと7カ国に及びます。独立宣言したのもアルジェリアの首都アルジェでした。何度も追放や暗殺未遂、少なくとも4度の投獄にあいながら、生き延びたことから「不死鳥」という異名を持ちました。かつてはテロリストと呼ばれたアラファトたちの闘争の末、パレスチナは現在、136の国と地域から承認されるまでになっています。

アラファトは2004年に亡くなりますが、葬儀は生まれ育ったカイロで執り行われました。

■「アルカイダ」の指導者アイマン・ザワヒリ

アラファトやサダムに代表される1950年代、60年代のカイロ大世代の時代はいまでは過去のものになっています。現在は、1970年代卒世代のカイロ大出身者が世界を混乱に陥れています。

その代表格が74年に医学部を卒業したアイマン・ザワヒリです。78年には外科学の修士号を取得しています。

現在ザワヒリはイスラム主義武装集団「アルカイダ」の指導者です。

アイマンは、名家の生まれです。父方のザワヒリ家は高名な医者や科学者を数多く生み出したファミリーとして、カイロでは有名です。父は国立アインシャムス大学の薬理学教授でした。宗教的な一家としても知られ、父の叔父はイスラム教スンニ派最高峰の学府アズハル大学総長を務めた人物です。

母方の祖父はカイロ大学文学部教授から学長まで上り詰めた人物。その後、サウジアラビアのマリク・サウード大学の創始者兼初代学長となります。その後、アラブ連盟を創始し、最初の事務総長についたアラブ政界の重鎮でした。

カイロの医学界、宗教界、教育界、政界を代表する面々がつらなる末裔がアイマン・ザワヒリというわけです。

そのザワヒリのこれまでの罪状は半端ではありません。主なものだけでも、1981年のサダト大統領暗殺事件への関与、1995年の駐パキスタン・エジプト大使館爆破テロ（17人が死亡・60人負傷）、1998年の駐ケニア・タンザニア米国大使館爆破テロ（224名死亡・6000人以上負傷）、2000年のイエメンでの米艦襲撃（17人死亡、39名負傷）、そして、2001年9月11日の同時多発テロ（3000人以上が死亡）を計画したとされています。その他、アルカイダと関連する組織の犯行まであげれば、きりがありません。

ザワヒリは、どんな学生だったのでしょうか。

「体はガリガリで、メガネ姿が目立っていた」と当時、親交のあったアメリカ人は述懐しています（『崩壊する巨塔』2006年、英原書）

その風貌は武闘派だったアラファトやフセインとは対照的です。

「本の虫で成績は抜群。乱暴なスポーツなど大嫌い。あんなのは人間のやることじゃないと考えていた節がある」（同）

実際、成績が優秀すぎて中学・高校のとき2年飛び級し、軽々、最難関のカイロ大医学部に入ったぐらいです（エジプトの教育制度では、小学校から飛び級と落第があります）。

医学部にいたころのザワヒリは「とにかく無口でまじめで、物静かな奴でした」「彼は大学の中では表立った活動は一切やっていなかったと思います」「（学生運動の集会に）たまに顔を見せても、何も言わずにただ黙って議論を聞いていた」（『憎しみの連鎖』2002年）

▲アイマン・ザワヒリ

こう語るのはザワヒリの1年後輩で、医学部学生自治会委員長だったアブドルモネイム・アブールフトゥーフ。当時、カイロ大学を席捲していた、ムスリム同胞団の学生運動のリーダーです。「当時、私たちはイスラムを重視した国家建設を急がなければならないと主張していた」（同前）といいます。彼は2012年、エジプト大統領選挙にも出馬し、4番目の得票を得ています。後輩のアブールフトゥーフが表舞台で活躍してきたのに対し、ザワヒリは学生時代から一貫して秘密裡に行動してきました。

「(後で知ったのですが彼は)当時から秘密組織を持っていて政府転覆を画策していた」「極秘の活動を続けていくために、自治会のような公然とした学生運動の場からは距離を置いていたのでしょう」

ザワヒリの秘密組織はどんなものだったのでしょうか。友人が記した自伝『私が知っているアイマン・ザワヒリ』(未邦訳)に記されています。

「ザワヒリがイスラム主義組織に参加したのは1966年のことです。ジハード組織の後見人はイスマイル・タンタウィでした。彼はエジプト政府内に(イスラム主義の)〝細胞〟組織を創り出すことを提唱していました」

組織の目的は「革命によって政府を転覆し、イスラム法によって統治する政府を確立すること」であり、その目標達成には「武力を通じて接近でき、そのためには軍と市民の協力が不可欠」と語っています。

つまり、暴力的に政権奪取することで、エジプトをよりイスラム化していくという過激な思想でした。

エジプトの政権は、アラブの英雄ナセルの急死で副大統領だったサダトに変わったばかりでした。国民的人気のあった前任のナセル大統領に対抗するため、サダトはナセルが抑圧していたイスラム主義者を優遇したというわけです。大学のイスラム主義運動家に対しても、ナセルの支持母体だったナセル主義者やマルクス主義者を攻撃するために、裏で武器を提供していたといわれています。

サダトが解き放ったイスラム主義運動家の矛先は、今度はサダト本人に向かいます。脅威に感じたサダト大統領は大弾圧をはじめます。

「自治会の幹部にも弾圧の手が及び、私も逮捕されました。ザワヒリが逮捕されたのも同じころです」（『憎しみの連鎖』２００２年）と、先述のアブールフトゥーフは語っていました。

ザワヒリはカイロ大学時代、何を目指していたのでしょうか。一連の証言と友人の著作から、武力革命だと想像できますが、本人は違うという。肝心なのは思想戦のほうだと主張します。その根拠について、回想録でこう述べています。

「『アッラーの唯一性に忠実であること、アッラーが唯一の権威であり統治者であること』が重要である」「イスラムと敵との間の闘いとは、一義的にはその唯一性に関する思想的なものです。その闘いとは、（世界が）誰の権威と権力に属するかという闘いです」「（世界が）帰属するのは神の道・イスラム法であるべきなのか。それとも人間がつくった法律や物質的な原則であるべきなのか。それとも創造主と人類の間の仲介役であると主張する人々（注：権力者や聖職者など）

▲ザワヒリ回想録『預言者の旗のもとの騎士たち』の表紙

であるべきなのか」（ザワヒリ回想録『預言者の旗のもとの騎士たち』未邦訳）

これは究極のグローバリズム思想です。地球がひとつのイスラム法によって、あまねく支配される。完全な「法による支配」の確立が目標となります。

それを邪魔するのが「人の支配」「物質による支配」であり、具体的にいえば、非イスラム的な国民国家や政府、法律、快楽主義、それを率いる指導者である。そして、反対勢力が思想戦に応じないならば、そのミッション実現にあたって、武力戦で挑むという考え方です。

カイロ大の大先輩アラファトの「パレスチナの大義」やフセインの「アラブの大義」よりもさらに規模の大きな話です。アラブ人であるかどうかも国籍がどこかも問いません。

この思想の源こそ、ザワヒリが敬愛するサイイド・クトゥブ（１９０６～１９６６）のものです。中高時代から彼が傾倒している思想家です。１９３３年、カイロ大学（旧高等師範学校「ダール・アルウルーム」）卒の大先輩でもあります。

「ザワヒリはクトゥブの思想をもとに自分で解釈を加えながら、大学時代に具体的なエジプトにおける（革命の）ジハード論を形成していった」「叔父からの影響もあります。クトゥブは叔父の家までアラビア語の教師として、通っていました。叔父はクトゥブのことを師匠とみなしていました」（『アルカイダへの道筋：ザワヒリの役割』2011年、未邦訳）

そのクトゥブはナセル政権に逮捕され、内務省から拷問を受け、亡くなります。獄中で書き連ねた書が『道しるべ』（1964年）です。ザワヒリをはじめ、現代イスラムにおける革命のジハード論者の理論的支柱になります。

『道しるべ』が理論書なら、ザワヒリにとっての戦術書は『隠された義務』（未邦訳）です。著者はムハンマド・ファラジュ（1954〜1982）です。カイロ大電気工学学科卒で、大学で電気技師として勤務していました。ザワヒリと同様、大学時代から秘密細胞を組織していた若きジハード論者の一人です。

彼の戦術の要諦は「『遠くの敵』より『近くの敵』」優先論です。イスラエルや西洋など「遠くの敵」をいくらせめても、逆効果という考えです。それは結果として、「近くの敵＝自国」の政治家の権力基盤を増すことの手助けになるといいます。ファラジュは同書でこう結論づけます。

「（前略）初期のジハードにとって戦場とは、（近くの）不信仰な指導者を根絶し、完全なイスラム的秩序に置き換えることにある。そこから活力が沸き出てくる」

ザワヒリはこの戦術に忠実でした。最初の成果は1975年、カイロ大院生のときに関与した

「軍事技術大学生蜂起」事件です。

計画では、大学の門を警備する警察部隊を襲い、倉庫から武器と武装車を奪って政権本部に向かい、サダト大統領を暗殺するというものです。そして、高校生のときにはじめた組織の目的どおり、政府の軍内部から権力を奪取しようという試みでした。しかし、この計画は失敗に終わりました。

蜂起事件のあと、直接関与した学生や細胞の仲間たちが次々、逮捕されます。関与した多くの学生が逮捕されましたが、ザワヒリは拘束を逃れ、結果としてジハード団の指導者となります。その5年後、ジハード団によるサダト大統領暗殺事件が起こります。

このとき逮捕された302人を代表して、ザワヒリは英語でカメラに向かって演説をぶちました。内容はみなが受けた激しい拷問についての告白でした。その様子は今も動画サイトで見ることができます。

違法武器所有罪で禁錮3年の刑を受けたザワヒリは釈放後、ジハードの拠点をアフガニスタンに移します。

そして、アフガニスタンから遠隔で、エジプト政府へのジハード活動を開始しました。ザワヒリの最初の標的は、拷問を施したハサン・アブバーシャでした。1987年、アブバーシャは国家治安部長から内務大臣に昇格していました。ザワヒリは弟のフセインをヒットマンに指名し、アブバーシャの自宅を急襲し、重傷を負わせます。9・11に連なるテロ攻撃のはじまりが、ここにあります。

2001年の9・11以後、ザワヒリの消息は不明で、アメリカはザワヒリの情報に2500万ドルという莫大な報奨金をかけています。2011年にウサマ・ビンラディンが米海軍特殊部隊によって殺害されたのちも、ザワヒリの行方は杳として知れません。

■SNSを活用した革命の旗手　アハマド・マヘル

以上、1950年代、60年代、70年代とカイロ大学を代表する3人の出身者の半生をみてきました。本章の最後に、現役世代のカイロ大学出身者の闘争に注目してみましょう。

▲アハマド・マヘル

その代表格といえば、2004年工学部卒のアハマド・マヘル（1987〜）です。マヘルは2011年エジプト革命に際し、フェイスブック等による抗議デモの動員で主導的な役割を果たした人物で、その功績でノーベル平和賞候補に名前が挙がったほどです。しかし、その後、クーデターで復活した軍事政権に拘束されます。監獄生活を送りながら、二つ目の学位、政治学を専攻している現役カイロ大学生でもあります（2017年1月釈放、現在保護観察中）。

マヘルの抗議運動は、先輩のアラファト、フセイン、ザワヒリと異なり、国家を超えた民族運動とも宗教運動ともかかわりがありません。活動範囲はエジプト内に限定された市民的な運動で、とくに、政府の腐敗改善や拷問禁止、労働者の権利向上が主な主張です。また、目的の達成のためには暴力的活動も辞さない先輩たちに対し、非暴力を戦略として掲げてきました。それなのになぜ、監獄の学生生活を送る運命となったのでしょうか。その発端は、先輩の時代にはなかった新たな武器—SNSを独裁政権に対して使ったことにあります。

マヘルは工学部卒業後、技師としてニューカイロの建設会社に入社します。2007年にはカイロ大の同窓生と結婚、子供も授かり、公私ともに順風満帆でした。1年後の2008年、彼はあるフェイスブック・ページを立ち上げます。虐げられた労働者を支援するもので、たちまちのうちに趣旨に賛同する6万人のフォロワーがつきました。

マヘルは会社に勤めながら、支援者らとともに実践的な活動を起こします。2008年4月6日、フェイスブックを通じて労働者のストライキを呼びかけたのです。この運動は「4月6日若者運動」と呼ばれるようになります。発起人はマヘルのほか、商学部卒のアスマ・マフフーズ（1985～）、そして現役生ムハンマド・アデル（1988～）というカイロ大の3人でした。

ストライキは成功裏に終わりました。しかし、フェイスブックの威力を恐れたエジプトの治安当局は4月6日運動にかかわった若者たちをマークするようになり、その後、マヘルは当局に拘束されます。拷問を受けたのち、独房に閉じ込められ、レイプされそうになったといいます。

その後も、マヘルは拷問に怯むことなく、抗議活動を拡大していきます。活動は労働者問題にとどまらず、政府の腐敗や市民への拷問にも向けられます。ムバラク大統領（任期1981～2011）退陣運動の先頭にも立ち、結果的にそれは2011年のエジプト革命で現実のものとなりました。

しかし、ムバラク追放後も、マヘルは活動を続けます。今度は批判の矛先を軍政に移行したエジプト軍最高評議会議長のシシに向け、即時の民政移管を訴えるデモを組織しました。そのかいもあって、2012年のエジプト史上初の民主的な大統領選挙をむかえます。

選挙の決選投票に残ったのは、ムバラク軍事政権下で大臣を務めた旧体制派のシャフィク候補とイスラム主義のムスリム同胞団のムルシ候補でした。思想信条は違うとはいえ、マヘルはムルシ支持を表明します。旧体制派とくらべ、まだ腐敗していないと判断したからです。選挙に勝利したムルシは大統領となりますが、わずか1年後、マヘルが恐れていた事態が起こります。軍トップのシシがクーデターを起こしたのです。シシはムルシ大統領の身柄拘束を指示し、大統領権限を奪ったのち、しばらくして自らが大統領の座につきます。

軍事独裁に抗戦するため、マヘルは得意のSNSをつかってデモを動員しますが、シシは容赦なく弾圧を加えます。抗議運動の禁止どころか、民主的なデモ自体をテロ活動と同列とみなす「反テロ法」を制定したのです。マヘルはただちに違法デモの首謀者として逮捕され、冒頭で述べたとおり、3年の刑を言い渡されます。

マヘルが収監されたのはトーラ監獄は、英国占領時代に反英活動家を収容するために建設され、ナセル時代以降、ときの権力者に抵抗する思想犯を収容してきた歴史があります。とりわけ、その残忍な拷問で世界に悪名を轟かせている監獄です。本章でとりあげたザワヒリやクトゥブ、アブールフトゥーフ、あとの5章でとりあげるサバヒもみなトーラ収監者で、その過酷な体験をそれぞれ記録に残しています。マヘルも刑務所の現実を世に伝えていきました。ティッシュや紙切れなどにメッセージを書いては、それを協力者を通じてひそかに海外メディアに送り、シシ大統領の弾圧の状況を白日の下にさらしていったのです。

マヘルは現在、保護観察中の身にあります。観察中といっても、その待遇は一般の国とはことなります。午後6時から翌朝6時まで毎日、警察署の留置所内で過ごさなければなりません。その間、面会は一切認められず、期間の延長は、直轄の警察の裁量にゆだねられています。いつまで延長されるか、またいつ収監されるかもわかりません。絶対権力に逆らった代償です。

マヘルはけっして例外的な存在ではありません。独裁者を打倒するために路上で抗議したことによって、逮捕・投獄された〝政治犯〟の数は6万人に達するといわれています。長期独裁のムバラク時代でさえ、最高で1万人とされています。「エジプトで『抗議世代』と呼ばれた若者たちは、現在『監獄世代』と呼ばれる状態になっている」（アムネスティ・インターナショナル）といわれるゆえんです。

女性や人権活動家でも扱いは変わりません。カイロ大法学部卒のアヤ・ヒジャージ（１９８７〜）はカイロで孤児支援の慈善活動をしていた際、拘束され、裁判もないまま3年間も留置所に入れられました。エジプトとアメリカの二重国籍を持っていたおかげで、アメリカ政府から圧力がかかり、２０１７年4月に解放されました。

▲3年の拘束から解放後、トランプ大統領と面会するアヤ・ヒジャージ©ロイター／アフロ

監獄世代は増加の一途をたどっています。シシのクーデター後だけで、全エジプトで16に及ぶ巨大な監獄と４００以上の留置所が新設されています。監獄に比例して、治安部隊や警官、看守など、公務員数も急増しています。監獄建設の請負事業者は、軍系か政権中枢部が関与する会社ばかりです。最近、予算約20億円でたてられた４０００人収容の刑務所はイブラヒーム・マハラブ元首相が会長を務める建設会社が落札しました。彼は

カイロ大学工学部「土木研究センター」の理事でもあります。

エジプト革命とは一体なんだったのでしょうか。

結果的に見れば、軍官学の利権にまみれたエジプトの公共事業をふやしただけという見方もできます。それも、政権に反対する学生や若者の拘束、監禁、拷問を加速させる絶望的な目的の事業です。

SNSを活用して革命へ導いたマヘルは、この現状についてインタビューで語っています。

「何かツイートすればデモに導くことになり、デモをすれば革命に導くことになり、革命によって政権を倒すことになった。それは、（政府の暴力による）殉教者を生むことにつながった。つまり、ツイートしたことで、テロリストになったようなものだ」（「ニューヨークタイムズ」2017年3月14日）

マヘルは絶望の淵に突き落とされています。

第3章

カイロ大学——混乱と闘争の源流

■カイロ大学の理念と学風

2章ではカイロ大学世界最強説について、有名出身者の硬派な闘いから読み解きました。

では、カイロ大学を世界最強たらしめる学風である「闘争と混乱」はそもそもどこから生まれたのでしょうか。3章では、その源流と系譜をたどります。

大学とは建学者の理念を反映するものです。そして、学風とはその理念が教育現場におとしこまれ、長い年月をかけた末、醸成されていきます。

日本の大学にも理念と学風があります。慶應義塾大学なら建学者・福沢諭吉の「独立自尊」や「実学（サイエンス）の精神」、早稲田大学なら大隈重信の「学問の独立」「学問の活用」。〝慶應ボーイ〟や〝バンカラな早稲田〟というイメージも、この理念から派生したものです。独立自尊を通じた「気品」を重視してきた慶應、学問の活用を通して「在野精神」「反骨精神」を養成してきた早稲田。東大なら官僚養成という国家の要請が学風につながっています。

■8人の建学者たち

カイロ大学の学風のもとをたどるには、建学者が誰かをみていけば、一目瞭然のはずです。しかし、カイロ大学の学風のルーツをたどるのは簡単ではありません。明確な建学者が一人だけではないからです。カイロ大学の建学構想にかかわった代表的な人物をあげるだけでも8人います。

まず、ワタン（愛郷）党の創始者ムスタファ・カーミル（1874〜1908）、その後継者ムハンマド・ファリード（1868〜1919）、ワフド党創始者サード・ザグルール（1859〜1927）という3人の民族運動家。さらに女性解放運動家のカーシム・アミン（1865〜1908）、レバノン人の作家でアラブ民族主義の初期理論家ジュルジ・ザイダン（1861〜1914）、イスラム改革主義者のムハンマド・アブドゥフ（1849〜1905）、カリフ制復興論者のラシード・リダ（1865〜1935）も建学構想にかかわっています。英国傀儡の王室（当時のエジプトは王朝）から、エジプトで生まれ、イタリアで教育を受けたファード王子（1868〜1936）が後見人として関与しています。

▲建学者の一人ファード王子

つまり、エジプト民族主義者からアラブ民族主義者、イスラム改革者からイスラム主義者、王族からフェミニストまでが建学に関わっているのです。この中で誰が真の建学者か。いまでもエジプト近代史家の議論の的になっています。

しかも、カイロ大建学に先立ち、1906年に設置された大学創設委員会のメンバーは当初26人もいました。しかし、そのなかで2年後の建学時まで委員に残ったのは初代学長となるファード王子一人です。その他のメンバーはそれぞれの主義主張や所属する政党によって派閥闘争が絶えず、委員会は途中で空中分解したのです。その結果、王子に建学の決定が委ねられ、カイロ大学は1908年に設立されます。「エジプト大学」という名称にはじまり、のちに彼の功績をたたえ、1950年に「ファード1世大学」と改名されました。

このようにカイロ大学では建学当初から異なる価値観や思想が入り乱れていました。「混乱と闘争」という学風は初めから運命づけられていたのです。

■重層的なエジプト人のアイデンティティ

カイロ大学の価値観の複雑さを理解する前に、基本知識が必要です。エジプト人のアイデンティティ問題の複雑さについてです。エジプト人にとって、自分たちのよりどころとなるアイデンティティはなんなのか。大きく分けると、それは4つあります。

ひとつ目は、ピラミッドの時代から続くファラオの末裔としてのエジプト人という歴史的な自己認識。2つ目は、アラビア語を話し、アラブの文化に属するアラブ人というアイデンティティ。

3つ目はイスラムやキリスト教という宗教的なアイデンティティ。エジプトでは人口の9割がイスラム教徒で、残り1割がキリスト教徒です。4つ目はアフリカ人というアイデンティティ。エジプト南部の出身者には、自分たちはアラブではなくアフリカ人だという自己認識を持つ人たちは少なくありません。

このようにアイデンティティを構成する要素が多様にあります。個人によって、それぞれの宗教、民族、歴史、言語、文化——どの要素に力点を置くかによって、重層的な様相を呈していきます。

後述しますが、現在のエジプト人が持っている複層的なアイデンティティはもとはといえば、カイロ大建学者たちが現実と格闘しながらつくっていったものです。

さらに、大きな影響を与えているのが西洋近代の世界観である世俗主義と自由主義（リベラリズム）です。西洋列強によるエジプトの植民地化は、エジプト人のアイデンティティを根底から揺るがしました。彼らは西洋近代化の力に圧倒されると同時に、エジプトはなぜ劣化してしまったのかと自問自答し、その過程で、自分たちの歴史や言語、宗教を再解釈し、西洋に対抗できる新たなアイデンティティを摸索していったのです。

多様な価値観を持っていた建学者たちですが、そこにはひとつの共通認識がありました。それはカイロ大学を通して、西洋に立ち向かおうという姿勢です。それまでエジプトの高等教育の頂点にあったのは宗教大学であるアズハル大学でした。

しかし、いまやアズハルだけでは西洋に対抗できない。アズハルに代わる新しいコンセプトで大学をつくり、若者を教育しなければ手遅れになるという共通の危機感がありました。その危機感は、カイロ大学の歴史の中で建学者とその弟子の間で思想闘争に変容していき、学生たちはそれぞれの時代に優勢だった理念やアイデンティティに影響を受けて、社会に輩出されていくのです。

では、いまのカイロ大生はどんなアイデンティティを持っているのでしょうか。現代の学生たちに次のような質問を投げかけてみました。

「自分のアイデンティティーで重要なのは次のうちどれですか。重要な順に答えてください」

・エジプト人であること
・アラブ人であること
・イスラム教徒またはキリスト教徒であること
・アフリカ人であること

興味深いことに、回答は人によってバラバラでした。エジプト人自身も自分たちにとっての支配的なアイデンティティを持っているわけではないようでした。

「エジプト人であることがいちばん」と答えたカイロ大文学部2年生の女子学生はこういいます。「私にとって、アラブ人であることとアフリカ人であることは、ほとんど意味をもちません。それに比べて、エジプト人であることは特別です。私たちがひとつのエジプト国民としてまとまっていることこそ何よりも大切なことだからです。その中で、イスラム教徒とキリスト教徒に分かれる。自分にとってイスラム教徒であることも大切だけど、エジプト国民として互いの宗教や価値観を尊敬し合うことこそが、いちばん大事です」

■建学者の代表格サード・ザグルール

リベラル意識の高い学生です。この考え方は建学者の代表格サード・ザグルールを受け継いでいます。

ザグルールは1922年、エジプト王国としての独立に導く革命を起こしたエジプトの英雄です。宗教や社会階層の違いを超え、エジプト人を一国民としてまとめる民族運動を展開しました。とくに、イスラム教徒とコプト教徒(エジプトのキリスト教徒)の絆を強めたことで知られています。

ザグルールは両宗教の対話を促しました。革命後、エジプト最古の教会である聖セルジウス教会の聖職者を、イスラム教スンナ派のアズハル・モスクに招いて、コプト教徒によるイスラム教徒への説教を行いました。これは前代未聞のことでした。次に、イスラム教の導師を教会に招いてコプト教徒に説教する機会を設けました。相互対話をとおして両信徒の融和を図り、ひとつのエジプト人というアイデンティティを強化していったのです。

ザグルールは自身が率いた政党ワフド党の文書でこうも宣言しています。

▲サード・ザグルール

「エジプトには多数派も少数派もいない。イスラム教徒とコプト教徒はひとつの宗教を信じている。その宗教とは自由と独立である」

エジプト人の市民として、宗教よりも自由が大切。そのためには、国家の独立が保証されなければならない、というザグルールの「国民国家」宣言です。

いいかえれば、限定された領土内において、同胞意識をもとにした非宗教的な共同体を新たに形成する試みです。その延長線上に、エジプト国民であるという意識を人工的に植え付けようとしたわけです。世俗的な「領土ナショナリズム」の勃興です。

これは伝統的な宗教社会であるエジプトでは、たいへん急進的な思想でした。コーランに基づいた伝統的な領土観からの断絶を意味したからです。

イスラム世界ではカリフ（預言者ムハンマドの代理人）のもと、国境もなく、移動は自由でした。コーランにも、「まことに大地はアッラーのものであり、彼の下僕たちのうちのお望みの者にそれを継がせ給う（後略）」（『日亜対訳クルアーン』第7章高壁128節）「アッラーの道において移住する者は、大地に多くの避難所と豊かさを見出す」（同4章女性100節）という一節があり、国境によって区切られた領土という考え方はありませんでした。

じつにエジプトは10世紀にカイロでファーティマ朝（909～1171）の首都が建設されてから、1000年以上、カリフ制に帰属してきました。ファーティマ朝が衰えたあとは、十字軍を撃退したサラディン（アッバース朝カリフのスルタン）のアイユーブ朝（1169～1250）、マムルーク朝（1250～1517）と続き、16世紀から400年間、オスマン帝国（1517～1914）に帰属してきた歴史をもちます。

イスラム世界では、すべては神に属し、地上の権威は認めない。ただ預言者の代理人であるカリフだけがイスラム世界を束ねる指導者として、時の王朝の如何にかかわらず存在するカリフ制が長年にわたって続いてきたのです。

しかし、どんなに王朝が変わろうとも、カリフ制があることによって、イスラム教徒は自分たちがイスラムという共同体の一員であると自覚できたのです。

イスラム王朝を通じてどんな問題や欠点があろうとも、カリフの存在自体が多くのイスラム教徒に自分の帰属感を提供してきました。

しかし、ザグルールは、そのカリフ制に基づいた王朝から脱し、国民国家構想を打ち立てました。そのザグルールこそ1906年、カイロ大学創設委員会を設置した発起人です。彼は設立趣意書に「民族や宗教にかかわりなく、知識を求めるものに開放」「近代的市民を輩出」と記し、自身の思想を注入した新大学のあり方を明確にしています。

■女性解放論者カーシム・アミン

ザグルール自身は副委員長に就任し、さらに急進的な思想家カーシム・アミンを事務局長に指名しました。

アミンは17歳で法律学校を卒業後、第一期政府奨学生として、フランスの大学に派遣されました。フランス留学中、アミンは女性の自由さや地位の高さに衝撃を受けます。そして、フランスの国家として強さの根底に、女性の教育や社会参加があると確信します。

帰国後のアミンは、女性解放運動を進め、ムスリムの女性が被る伝統的なヴェールからの解放を掲げた運動を展開します。

著書『女性の解放』の中で、アミンは「エジプトの女性は教育がなく、男性に従属している。それがエジプトの弱さの原因である。その象徴がヴェールだ。この慣習を抜本的に変えることで、女性は強いエジプト国民形成にとっての屋台骨になる」（筆者要約抜粋）と述べています。

これは、ただ女性の自由を尊重するだけの思想ではありません。強い国民をつくることを旨とする国民主義（ナショナリズム）と自由主義（リベラリズム）が一体となった思想「ナショナル・リベラリズム」です。

事務局長に任命されたアミンはその思想を浸透させるために、自分が学んだフランス型の大学をつくることを目指します。

▲カーシム・アミン

フランスでは、フランス革命後、教会が支配していた高等教育機関を廃して、新たに大学が設立されています。理性と科学に従い、過去の因習・宗教に代わる新たな知の枠組みをつくり出すのが大学だという見方です。そこから輩出された知識人が男女を問わず、国家を先導していくミッションを持つ。アミンは、このフランスの知的伝統にしたがい、カイロ大学を徹底した世俗教育機関として位置づけていきます。アミンの大学観は西洋化した上流階級の支持を受け、賛同した篤志家からは設立に向けた資金が集まりました。

こうして1908年、カイロ大学は市民の寄付による私立大学として産声をあげました。2年目の1909年にはアミンの理念にそって、女性向けセクションが早くも立ち上がります。パリから教授が招聘され、西洋文明の価値観が教え込まれます。古代ギリシアの英雄叙事詩人ホメロスから、社会進化論者ハーバート・スペンサーまでが大学のテキストとして取り入れられたという記録がのこっています。女性の社会進出の重要性については、フランス革命の英雄ジャンヌ・ダルクや、フランス皇帝ナポレオンの独裁と闘った作家スタール夫人（世界最初のフェミニストといわれる）が題材に取り上げられました。

女性の啓蒙思想を受け継いだ女子学生たちは、自主的な運動を開始します。1910年代後半、独立を求める女性グループがエジプトで初めてカイロの街を行進。1923年にはエジプト・フェミニスト・ユニオンが結成され、エジプト女性の婚姻や離婚、参政権などの権利向上に貢献していきます。

以上が、世俗派の視点からのカイロ大建学史です。

そんな建学から80年後、カイロ大の女子学生を対象に建学者「カーシム・アミンをどう思うか」というアンケートが行われたことがあります。

結果は興味深いものでした。

女子学生の回答は、「ヴェール」を被っているかどうかではっきり分かれました。ヴェールを被る女子学生の大多数の92％はアミンを「近代の異端者」として糾弾しました。ヴェールを被っていない女性の59％は彼を「女性の解放者」として称賛しました。ただし、ヴェールを被っていない女性の41％は、アミンのやり方には否定的でした。「(彼の思想が) イスラム法から逸脱しているから」というのがその理由です。全体で見れば、8割の女子学生が「反アミン」という結果でした。

建学者の代表格であるアミンの理念は80年経っても浸透していないばかりか、大多数の学生に否定的に見られているのです。

このときのアンケートでは「女性にとっての教育の目的はなんだと思いますか」という問いもありました。

この設問に対して、ヴェールを被った女子学生の7割、被らない学生でも5割以上が「よき妻になるため」と答えています。やはり、アミンの理念は届いていないようです。

■イスラム的愛国者ムスタファ・カーミル

当時からアミンの考えを急進的とみなし、真っ向から反対した建学者がいます。その代表格が民族運動家のムスタファ・カーミル（1874〜1908）です。エジプト愛国運動の父として、知られています。

カーミルはカイロの法律学校を卒業後、フランスの大学で学びます。留学中にエジプトの後進性を痛感し、帰国後、近代高等教育の必要性を説くようになります。フランス留学経験を含め、ここまではアミンの遍歴と似ていますが、根本的な思想が異なりました。

アミンやザグルールが非宗教的なフランス流の大学設立を目指したのに対し、カーミルはイスラム的な枠組みを残すことを重視しました。エジプト人が完全に西洋化してしまうと、かえって欧州列強の影響を受けやすくなると考えていたのです。

女性の問題についても、カーミルはアミンと意見を異にしました。カーミルからしてみれば、アミンのいう「女性の解放」とは「女性の西洋化」に他ならない。イスラム的な女性観を問題視すれば、欧州列強のイスラム世界への軍事進出は解放運動として正当化され、占領の口実を与えることになりかねないと考えたのです。

カーミルは、すでにエジプトは外国軍に占領されていたので、どんなリベラルな知的改革も役に立たない。独立を勝ち取るには、市民の自由より郷土の利益のために尽くさなければならないと考えました。彼のイデオロギーは一言でいえば、人々と郷土・民衆が一体化する「統合ナショナリズム」です。この思想を行動に移すべく、カーミルは愛郷（ワタン）党を組織し、愛郷主義（ワタニーヤ）で挙国一致体制を築こうとします。そして、彼を支持する民衆が集結し、イギリス軍の即時撤退要求に出ました。

カーミルの思想は、ザグルールやアミンの「西洋的な近代的市民の養成こそがカイロ大学の役割であり、斬新的な独立への道」という考えとは真っ向から対立します。

さらに、エジプトは英国から独立しても、カリフを冠するオスマン帝国の枠組みのなかに残るべきだとカーミルは主張しました。イスラム共同体（ウンマ）への帰属心とワタン（地縁的共同体）に対する愛郷心とは矛盾しないどころか、その双方が相まってこそエジプトは強くなれると考えたのです。

筆者がアンケートをとった学生のなかにも、カーミル的な思想の持ち主は多くいました。アイデンティティの優先順位で、1番目がイスラム教徒、2番目がエジプト人という回答者です。

▲ムスタファ・カーミル

「生まれ育ったエジプトは大好きだけど、あくまで世界のイスラム共同体の一部。自分もその一員だという意識が強いです」「欧米から取り入れるのは本当に役立つことだけにして、イスラム世界が自己完結するのが理想」「そのためにはエジプト人が団結して、もっと強くならないといけない」といいます。そして、「人権や民主化の名目で、欧米の価値観をわれわれに押し付けるのはやめてほしい」と続けます。

カーミルが自分の思想を確立する上で注目した国があります。非西洋の日本です。

当時、日本は日露戦争（1904〜1905）に勝利したばかりでした。「日本の歴史こそ、東洋の国々に最も有益な教訓を提供するものと確信している」と日本を題材にした著書『昇る太陽』で述べています。

フランス型を理想としたアミンに対し、カーミルは日本の帝国大学を近代化のモデルにしようと提言しました。大国ロシアとの戦争に勝利した非西洋の日本から発展の秘密を学ぶべきだと考えたのです。

しかし、カーミルは志半ばにして、急死してしまいます。その理念は愛郷党の後継者ムハンマド・ファリード（1868〜1919）に引き継がれます。ファリードは、ザグルールやアミンがリードしていた設立委員会のなかで愛郷党グループを形成し、影響力を行使していきます。やがてザグルールに代わって、ファリードが大学設立委員会の副委員長に就任し、事務局長のアミンと新大学のあり方について喧々諤々《けんけんがくがく》の議論を巻き起こします。

もとをたどれば、エジプト初の近代大学設立構想を立て、実際に資金集めをはじめたのはムスタファ・カーミルです。彼とは主義が異なる世俗的なザグルールやアミンらがその動きを察知し、一気に主導権を握ろうと立ち上げたのがカイロ大学設立委員会でした。その経緯を知るファリードにとっては、起死回生の機会が訪れたのです。

ところが、この動きに危機感を覚えたのが、宗主国である英国の総督です。英軍の即時撤退を求める愛郷党グループは過激派とみなされ、委員会から排除されていきます。

それに乗じて、親英派として設立委員会に登場したのがファード王子でした。

最終的に残った委員は、トルコ系の貴族やパシャ（高官）、ベイ（有力者）の他、フランス人やイタリア人、アルメニア人が中心となりました。彼らは王族や外国利権にかかわる特権階級で、実質的なエジプト経済の支配層でした。彼らにとっては大学の理想などよりも、自分たちの利権の確保が最大の関心でした。自分たちのライバルとなるエジプト人知識層の育成などはもってのほかでした。

創設式典の演説では、誰も建学に貢献した亡きアミンやカーミルに言及しませんでした。設立委員会発起人のザグルールも招待さえされなかったのです。

エジプト人で委員に残り、式典で演説したのは博物学者アハマド・ザキ・パシャ（1867〜1934）ぐらいです。アハマド・ザキは、フランス語のラルースを模範に、アラビア語初の本格的な辞書を編纂した人物として知られています。ザキは、当時のエジプトでは数少ない汎アラブ主義者で、のちに汎オリエント（東洋）主義者となった知識人です。エジプト単独での独立をあきらめ、帝国主義の西洋に対抗するにはアラブ・東洋地域が団結しなければならないと彼は考えました。ザキもまたその模範として近代化した日本に注目していました。ザキはオリエント連盟を組織し、その初代事務局長に就任しています。しかし、連盟の構想は大きかったものの、カーミルのような政治的行動力はなく、知識人の交流団体の域を出られませんでした。このため英国や王族からは無害な存在とみなされ、おかげで委員に残ることができたのです。

カーミルが亡くなり、愛郷党グループが委員会から排除されたとはいえ、カーミルの思想は、新生カイロ大学の学生に引き継がれます。

カイロ大学の建学当初、主要なポストは外国人教授によって握られていました。学問と政治的信条を分けて考えられない愛郷心の強い学生たちと、オリエンタリズムを信奉する教授との衝突は絶えることがありませんでした。学生にしてみれば、植民地支配する西欧人から教育を受けるなんて屈辱以外の何ものでもない。西欧人の教授にしてみれば、後進国の若者を西洋的に啓蒙することの何が悪いという気構えがありました。そんな緊張感のなかで、授業が行なわれていたわけです。

1910年代、カイロ大学文学部英文学科で教鞭をとっていたある英国人教授は、学生とのやりとりを手記に残しています。

「教授！　我々はあなたのことを個人的に嫌っているわけではない。あなたの国（イギリス）が我々の祖国に対して行っていること（植民地支配）が許せないのである。教授がそれを許す国民の一人である以上、われわれはあなたの講義出席をボイコットする。あなたの国の軍隊が完全にエジプトから撤退しない限り、我々は闘争を継続する」

■アラブ文芸復興家ジュルジ・ザイダン

ヨーロッパから教授がやってくるずっと前から、カイロ大建学に大きな影響を与えた外国人たちもいました。

オスマン帝国のシリア領からエジプトに移住した作家ジュルジ・ザイダン（1861～1914）がその筆頭です。彼は1900年、自身の文芸雑誌『アル・ヒラール』誌上でアラビア語での近代高等教育機関の設立を訴えています。ザグルールやカーミルが設立運動を開始する何年も前のことです。

ザイダンはアミンと同様、非宗教的な大学を理想としましたが、その延長線上にエジプト国民主義や独立はありませんでした。彼が重視したのは、アラビア語という言語とイスラム帝国の歴史でした。ヨーロッパの近代文明に対抗するために興隆すべきはエジプトという国家でも、オスマン帝国でもない。アラビア語を媒介にしたコスモポリタンな文明の再興だというのが、ザイダンの構想です。

彼が理想としたのはアッバース朝（750～1517）時代です。アッバース朝は科学や文学が隆盛を極めたイスラム王朝の黄金期です。この時代は知識人が尊重され、イスラム教徒に限らず、キリスト教徒やユダヤ教徒、ゾロアスター教徒にも活躍の場が広がっていました。ヨーロッパの近代文明の母体となったのもアッバース朝の知的風土であったといわれています。ザイダンは、その知的営為を現代に復活させる機関としてカイロ大学建学を構想したのです。

ザイダンの著書『イスラム文明史全5巻』が高く評価されたことから、建学2年後の1910年、彼はカイロ大学のイスラム歴史学教授に任命されました。しかし、伝統的な学者から抗議の声が上がり、結局、授業の開始前に解任されてしまいました。

理由は二つ。ザイダンの歴史記述がイスラム的でないことと、彼がキリスト教徒であったためといわれています。

歴史記述がイスラム的でないとは、コーランの世界観にもとづいて歴史が進行するという目的論に沿っていないという意味です。従来のイスラム史とは、コーランを人類すべてに向けた神の最後の啓示であり、その受容プロセスである「イスラムによる世界征服」を記述するものとされていました。

しかし、ザイダンはその慣習にとらわれず、西洋の文献を引用しながら初めてイスラム通史をアラビア語で叙述したのです。

伝統派が問題視したのは、ザイダンのイスラム帝国の位置づけです。ザイダンの解釈では、イスラム帝国は、占領したペルシャ帝国やビザンチン帝国領から文明を受け継いだだけの存在でした。その見立てには、アッラーの啓示の正しさやイスラム教徒のオリジナリティはありません。この歴史解釈が反イスラム的とみなされたわけです。

キリスト教徒だからという理由はさらに決定的でした。イスラム教徒の学生がキリスト教徒からイスラム史を学ぶのは屈辱的だとみなされたのです。なぜなら、イスラム教徒サイドからみれば、キリスト教はアッラーの啓示を誤った形（聖書）で信じている劣等宗教です。よって、キリスト教徒は啓示の最終形、完成版であるコーランに鞍替えすべき存在にみえています。そんな劣ったキリスト教徒からイスラムの歴史を学ぶなど、おぞましいわけです。

建学早々、カイロ大はザイダンが理想に掲げた大学像とはかけはなれた学びの園と化しました。

▲ジュルジ・ザイダン

しかし、ザイダンはあきらめません。解任の翌年、『アラブ文学史全4巻』を完成させ、文学の分野でも宗教や伝統にとらわれない作品を世に問います。その後も大学で職を得ることはありませんでしたが、アラブの歴史や科学、文学を描き続け、人々にその豊かさを再発見させる作品を多数著わします。その功績から、アラブ文芸復興家、そして、のちに隆盛するアラブ民族主義の初期理論家として、歴史に名を残すことになります。

■近代教育とイスラム教育の融合を目指したラシード・リダ

もう一人、同じシリアからの移住者でカイロ建学者の一人とされる人物がいます。ラシード・リダ（1865~1935）です。ムスタファ・カーミルよりさらに前に、新大学設立のための資金集めに奔走した人物です。

彼が掲げたカイロ大学の理想もイスラム王朝のなかにありました。ザイダンがかかげたアッバース朝ではなく、初期のウマイヤ朝（661~750）時代です。

カイロにたどり着く前、リダはオスマン帝国や西欧各地を広くめぐりました。そして各地でカリフ制の衰退と解体の現実に直面する一方、西欧の先進性や優越性を目の当たりにしてきました。その体験から、リダは、なぜイスラム世界は西洋列強に劣ってしまったのか、その最大の原因は何か、と自問します。

そこでリダは、過去に同じくイスラム王朝の衰退を分析した先人に学ぼうとしました。権威主義に陥った信仰のあり方を批判した神学者ガザーリー（1058~1111）やモンゴル軍の侵攻に直面し、イスラム法による統治の厳格化をもとめた法学者イブン・タイミーヤ（1258~

1328）などです。

その結果、リダはイスラムの衰退は「正道を外れてしまった歴代カリフの腐敗と暴虐にある」と結論付けました。正道とは、預言者ムハンマドと後を継いだ4大正統カリフが歩んだ道をさします。つまり、初期ウマイヤ朝の時代です。

原因がわかれば、正道から外れた要因を取り除いていけばいいことになります。

しかし、そもそも正道から外れる原因を作っているのはなんなのか。リダはカリフの腐敗に加え、伝統的なウラマー（イスラム法学を修めた知識人）やイスラム法教育を独占してきたアズハル大学を名指しします。時の権力者にへつらい、本来、彼らが維持すべきイスラム法の適用を怠ってきたからです。リダはウラマーらを不信仰者として非難し、そのウラマーの権威に盲目的に従ってきた一般信徒をも批判しました。

▲ラシード・リダ

では、どうすればウラマーの腐敗や権威から脱することができるのか。リダによると、重要なのは、一般人も教育を身につけ、イスラムの一次資料（コーランと預言者の言行録ハディース）に直接あたって、自分自身で解釈できるスキルを磨くことだとします。その文献解釈的な行為を専門用語では「イジュティハード」（裁量）と呼びます。その手本として、リダは雑誌『マナール』（灯台）を発刊（1898年）します。自身のコーランやハディースの解釈を世に示しながら、現代社会の問題への適用方法を提案していきました。

このようにそれぞれの個人が原典をたどって主体的な解釈や類推ができるようになれば、科学や技術の面でも進歩が可能になる。それがリダの思想です。

リダはいわゆる社会的進化論者でした。彼には「ダーウィンの理論とイスラーム」という論考があります。カイロに移住する前、師事したフサイン・アルジスルの教えの影響もあります。彼は宗教教育と近代科学という融合を目指した教育を受けていました。こうしてリダはイスラム社会の進化のための近代的な宗教教育をカイロ大学の理想として掲げるに至ります。

その教育を通じて、宗教と科学を修めた信仰者が社会に輩出され、イスラム法が正しく適用されるようになれば、正道の「カリフ制再興」へ少しずつ近づいていくと考えていました。それは同時に、西洋列強による植民地化から脱する漸進的な道であると説きました。

彼は大学運営には直接かかわっていませんが、『マナール』誌上で再三カイロ大学の行く末を案じる記事を書いています。たとえば、教育の非イスラム化を強めるリベラルな大学体制に対し、「（カイロ大学は）異端者の避難所であり、無神論者の育成機関になり果てた」と厳しく非難しています。先述のザイダンについては、「イスラムの科学的な教育をうけていないため、教壇に立つ資格はない」と糾弾しています。

リダが目指したカイロ大学のあり方は、ある卒業生に引き継がれていきます。マナール誌の愛読者であったムスリム同胞団の創始者ハサン・バンナ（4章で詳述）です。1930年代から現在にいたるまで、カイロ大学の学生会選挙を席捲し、カイロ大のイスラム化を目指す学生運動をリードしてきたのは同胞団の学生支部です。その活動はナセル大統領の治世下や現在のシシ大統領の軍事クーデタ以降、非合法化されていますが、なくなったわけではありません。リダがウラマーを「腐敗した権威」と見なしたように、同胞団は「腐敗した大学教育」をいまも糾弾しています。

以上、世俗派のザグルールとアミン、イスラム寄り愛国派のカーミルとファリード、世俗アラブ派のザイダン、イスラム近代化派のリダの建学者6人について見てきました。同じカイロ大学の創設にあたって、構想者によって、これほどまでに違う理想が投影されてきたのです。

■カイロ大学の知的シンボル　アハマド・ルトフィ

創設から10年以上がたち、カイロ大学にようやく知的シンボルといえる人物が登場します。1925年から41年(中断時期あり)までカイロ大学学長をつとめたアハマド・ルトフィ(1872～1963）です。「現代エジプト最高の知識人」と呼ばれ、91歳で亡くなるまでカイロ大学や教育界に影響をあたえ続けました。膨大な記事・著作を発表し、エジプト社会で活躍する各界の人材を育成したことから、「世代をこえた教授」という異名も持ちます。

ルトフィは若いときから、建学者と幅広い交友関係を持っていました。前述したムスタファ・カーミルとは法律学校時代の同級生でした。彼の紹介で王室と懇意になり、欧州に派遣されます。そこで出会ったのがザグルールとアミンでした。

3人との親密な関係は帰国後も続きますが、ルトフィだけはカイロ大学の建学論争には加わりませんでした。あえて政治的に距離を置いたともいわれています。

ルトフィにはある問題意識がありました。エジプトが西欧に遅れてしまったのには直接的な原因の積み重ねがあるはずだ。歴史的な要因、文化的な要因、経済的な要因など、ひとつひとつ事実を確認し、その相互関係を分析していかなければ、答えはでない。彼が法学校時代に身につけた「英国経験論」的な認識法です。

そして、彼が下した分析結果はこうです。エジプト人は長年、外国勢力の独裁的な統治下にあり、その結果、政治意識を低く抑えられてきた。実際、政治参加への経験も少ない。それがゆえに、ときの政治権力に対し、こびへつらう奴隷根性が国民性の一部として根付いてきた。これを改善にするには、長い年月をかけ、エジプト人が自らエジプトを統治するという責任感を高めていく教育をするしかない。

この認識と方向性に確信を得たルトフィは、大学構想者たちが主張するオスマン主義やアラブ主義、イスラム主義などから距離を置きました。これらはいずれも過去の歴史を美化するイデオロギーにすぎず、本質的な解決策ではないと見ていたからです。アミンのようにフランスを礼賛し、その合理主義を一気に導入する手法にも与しませんでした。異文化をいきなり輸入しても、エジプトの国民性は成熟していかないと冷静に見ていたのです。

ルトフィは、時間をかけて教育、文化、政治の社会制度を整え、効用を最大化していくことがエジプト人の幸福につながるという立場に立っていました。英国のジェレミー・ベンサムが提唱した功利主義の考え方です。

経済面では、英国の植民地政策を評価していました。英国の治世の下、灌漑《かんがい》農地がどのくらい増えたか、都市開発がどのくらい進んだかを数量的に分析したのです。そこから導いたのは、すぐに排外運動などする必要はないという結論でした。それより、エジプト人自身の政治文化を成熟させ、いずれ宗主国が去る時に備え、今はむしろ西洋文明の技術的進歩を積極的に吸収すべきと考察しました。

▲アハマド・ルトフィ

カイロ大学創設委員会が喧々諤々の議論を繰り広げていた1907年、ルトフィは一人啓蒙的な政治新聞『アルジャリーダ』を発刊します。彼の認識を綱領にしたウンマ党の政党誌です。ただし本人は政党活動からは一歩ひき、新聞をつうじた啓蒙活動に専念します。

創刊理念は、憲法にもとづく議会制民主主義をしっかりエジプトに根付かせることでした。模範としたのは、やはり英国の政治思想です。しかし当時は、アラビア語で書かれたテキストさえありません。そこで彼は英国の思想家ジョン・ロックやジョン・スチュアート・ミル、ベンサムらの著作をアラビア語に訳し、国民の権利・義務とは、言論・学問の自由とは、憲法とは、政府とは、議会とは、法の支配とは、と近代市民社会の基本原理をひとつずつ説いていったのです。

その知的活動が評価されルトフィは１９１５年、国立図書館の館長に任命されます。さらに教育用テキストの充実をはかるため、西洋古典の翻訳にも取り組みます。善なる市民の生き方を問うアリストテレス『ニコマコス倫理学』を初めてアラビア語に訳したのもこのころです。

同じころ、ザグルールが理事長（副学長を兼任）を務めていたカイロ大学理事会の理事に任命されます。そこでルトフィは、カイロ大の将来を見据えた布石を打ちます。

カイロ大学は当時、市民の寄付によってまかなわれていた私立大学で校舎もなかった時期です。公共の建物を借りて、授業が行われていました。講義場所の案内は新聞を通じて、周知されていました。

しかし、第一次世界大戦後、経済状況が悪化し、寄付も集まらなくなりました。カイロ大は政府・王室の助成を得るべく、公立化委員会を設置し、残った予算は卒業生が欧州で学位をとれるよう留学生の派遣費用にあてられました。博士号を取得し凱旋するエジプト人を将来、教授候補として迎えるためです。当時は外国人教授が多く、テキストもフランス語や英語、ドイツ語の文献が主流でした。そこで、大学内に翻訳出版部局を設け、主要な参考文献をアラビア語に訳すプロジェクトも立ち上げられたのです。

ルトフィが大学や翻訳の活動に没頭していたころ、政治が動きます。ザグルールが率いたワフド党の指導のもと、民衆革命が起き、エジプトは1922年、英国から部分的な独立を達成したのです。ワフド党も元はといえば、ルトフィが立ち上げたウンマ党が母体となっています。

しかし、ルトフィはぬか喜びしません。彼が目指す国民主権の基礎となる憲法がエジプトには存在していなかったからです。これでは、ザグルールとフアード1世（カイロ大学長）による独裁政権を生んでしまいかねない。危機感をおぼえたルトフィは憲法の起草をもとめるリベラル立憲党をたちあげます。

ルトフィは大学の理事会でも行動に出ます。英国により海外に流刑中だった不在の理事長ザグルールを解任し、自らが理事長につきます。ザグルール派閥に属する理事たちは、これに抗議して辞任します。その空席をルトフィはリベラル立憲党幹部で固めていきました。多数派となったルトフィ派は、ザグルールの副学長職も解任してしまいます。

■アラブ世界・アフリカ大陸最初の総合大学へ

　こうしてルトフィはカイロ大学の実権をにぎり、理想の教育機関への改革を断行します。文学部しかなかったカイロ大学に、自身の出身校カイロ法律高等学校を合併して、法学部を創設します。目指すべき立憲政治、法の支配をエジプトで実現するには、リーガルマインド（法律の実際の適用に必要とされる、柔軟、的確な判断力）を持った若者を育てていかなければなりません。さらに、理系のカイロ医学専門学校を合併させ、医学部を開設します。こうして、カイロ大学はアラブ世界・アフリカ大陸最初の総合大学への道を歩みはじめたのです。

　そのころカイロ大学職を解任されたザグルールが流刑地から帰還し、政治の表舞台にもどってきます。ザグルールは自分の権力を制限する憲法制定には反対しましたが、最終的にルトフィの立憲政治の要求に応じます。憲法を起草し、翌年、議院内閣制にもとづく初のエジプト首相に就任

▲ザグルールの墓

したのが建学者ザグルールです。

ザグルール首相はかつてのカーミルと同様、イギリス軍の完全撤退を要求します。しかし、ルトフィは意に介さず淡々とカイロ大の改革を遂行していきます。1924年、ザグルールはすべての公職から退きます。

翌年の1925年、カイロ大学を公立化する法律が発布され、満を持してルトフィが学長に指名されます。1928年、現在のカイロ大学のある場所で校舎の建設がはじまります。大学の敷地は教育に熱心だった王室のファトマ王女から寄贈されました。

1935年には農学部、1938年には獣医学部が創設されます。現在にいたる総合大学としてのカイロ大学の体制が整ったのはすべてルトフィ学長の時代です。

▲カイロ大学文学部に掲げられるファトマ王女の肖像画

こうしてみていくと、国立カイロ大学の真の建学者はルトフィといえそうです。しかし、建学時に埋め込まれた思想闘争とアイデンティティ抗争がここで終わったわけではありません。

第4章

カイロ大建学者思想の申し子たち

——ターハ、バンナ、ナセル、クトゥブ

■カイロ大第二世代が生み出す新たなアイデンティティ

カイロ大建学者たちが競い合った思想や教育は、後の世代の卒業生に引き継がれていきます。カイロ大近代教育の申し子たちです。

エジプトで初めて近代高等教育を受けた彼らは、影響を受けた思想を拡張したり、純化したりしながら、エジプト人の新たなアイデンティティを摸索していきました。以来、現在にいたるまで、エジプト社会にふさわしい思想やアイデンティティのありかたをめぐって、激しい議論がくり広げられています。

カイロ大で生まれ、エジプト社会で鍛えられた思想闘争は、今日まで世界に影響を与えていきます。

中でも、最も影響力のあったのがこれからお話しする3人の思想家です。一人目はカイロ大学文学部長で現代エジプト人アイデンティティの創始者ターハ・フセイン（1889〜1973）、二人目はムスリム同胞団の創始者ハサン・バンナ（1906〜1949）、三人目は、イスラム主義の理論家サイイド・クトゥブ（1906〜1966）です。また、これら3人の思想を全面否定し、その後のカイロ大の運命を方向づけた元エジプト大統領ガマル・アブドゥル・ナセルについても言及します。

■カイロ大卒エリート知識人の象徴　ターハ・フセイン

ターハ・フセインは記念すべきカイロ大学第1期生であり、カイロ大卒エリートの象徴的な存在です。

卒業後は大学院にすすみカイロ大博士号の第2号を取得し、海外留学奨学生に選抜されフランスのソルボンヌ大学へ留学。そこでも博士号をとり、フランス人の妻を連れて母国に凱旋します。その後、カイロ大学で歴史学（古代ギリシャ・ローマ史）の教授となり後進を育成し、その業績から文学部長に選ばれ、教育大臣にまで上りつめた人物です。

彼の自叙伝『日々』（未邦訳）は「もっとも愛される20世紀文学のひとつであり、アラブ文学の金字塔」とよばれています。幼少期の事故で盲目になったターハは、そのハンディキャップを乗り越え、近代エリート大学カイロ大の教授になるまでの成功物語です。この作品で１９４９年と50年の２度、ノーベル文学賞候補に挙がります。

▲文学部本館中央に置かれたターハ・フセインの銅像。カイロ大学が輩出した知識人の象徴

『日々』はエジプトだけでなく、アラブ諸国の初等学校の教科書に必ず登場するといっていいぐらい有名なストーリーです。映画化された『暗黒を征服した男』は大ヒットします。盲目というハンディキャップを抱えていても、一生懸命勉強すれば、困難を克服して社会に貢献できるというカイロ大の建学精神を、ターハの人生はみごとに体現したといえます。

ターハは建学者からの影響を直接受けたカイロ大第一世代です。中高時代から建学者の一人ジュルジ・ザイダン（3章参照）のアラブ歴史小説の愛読者でした。実際、文学や歴史観についてはザイダンの影響が色濃くでています。彼の思想はザグルールやアミンが推進したリベラルな世俗教育を継承、発展したものです。

■ファラオ主義という誇り

ターハが大学で受講した科目は、哲学や古代史（古代エジプトと西洋史）、地理学、英仏亜文学、比較セム語学（古代エジプト語や聖書の言語へブライ語、アラム語、アラビア語間の比較言語学など）などです。いま見ると、どれも一般的な文系の教養科目に思えますが、伝統的なイスラム教育を受けてきたターハの世代にとっては驚愕の内容でした。

ターハはその新鮮な驚きを自叙伝『日々』でこう回想しています。

「私は従弟に『君は学校でセム語族を勉強したことあるかい』と訊きました。当然『ない』と答えるのは知っていました。そこで、私は古代エジプトのヒエログリフ（象形文字）について自慢げに語り、古代エジプト語とセム語族に属する（聖書の）ヘブライ語やアラム語、（コーランの）アラビア語との相互関係を説明していきました」

エジプト人は、カイロ大学ができて初めて自分たちの先祖である古代エジプト人の文明や言語を学んだのです。このことによってエジプト人は、自分たちが聖書やコーランに先立つ最古の文明の担い手であったことをあらためて自覚したのです。それは3章でふれた「エジプト人はファラオの末裔である」という新たなアイデンティティの誕生の瞬間でした。

のちにターハは、これを「ファラオ主義」（アラビア語でファラオニーヤ）と呼んで、エジプト国民統合のイデオロギーにまで昇華しようとしました。そのエッセンスは「エジプト人はアラブ人である前に『ファラオ人』である」（1933年）というターハの宣言に基づいています。

当時もいまも「ファラオ主義」はエジプトでは過激な思想と見なされています。ファラオは、コーランでは預言者ムーサ（聖書ではモーゼ）をいじめる多神教徒として描かれる悪者です。ターハは、コーランをアッラーの言葉と信じるエジプト人に向け、「きみたちはファラオ人」だと自己認識の変容を促したのです。

■聖典批判により大学を解雇

ターハは、カイロ大に入る前に過ごしたイスラム教スンナ派の最高峰アズハル大学時代について も『日々』で回想しています。その記述は従弟に向かってカイロ大学で学ぶ喜びを自慢げに語った口調とは対照的です。

「毎日が同じことの繰り返しで、新しいことは何もない。朝の礼拝の後、タウヒード（神の唯一性）の勉強がはじまり、その後はフィクフ（イスラム法学）。日が昇るとアラビア語文法の学習が、朝食をはさんで昼のお祈りまで続く。昼食後、しばしの休憩の後、論理学の学習がはじまる。授業は反復学習と伝統的講義の繰り返しで、心の琴線に触れるようなものはない。それは知性にとっての食事ではなかったし、新しい知識の蓄積もなかった」

そんなターハが博士論文のテーマに選んだのが盲目のシリア出身の詩人マアッリー（973年〜1057年）でした。理性こそが唯一の真理への源泉であると合理主義を説き、イスラム教を攻撃、棄教したとされる人物です（マアッリーの銅像は、異端の象徴としてカイロ大の後輩が指導したイスラム主義武装組織ヌスラ戦線によって2013年に破壊されています）。

その後、ターハはコーランについても文献分析を開始し、文学部長のとき「コーランは客観的な歴史資料として耐えられない」という結論にたどり着きます。この発言はイスラム教を冒涜する暴挙として、伝統的な学者から一斉に批判を浴びることになりました。非難の声は止まず、政府からも圧力がかかり、最終的にカイロ大学を解雇されてしまいます。

西洋化した建学者のアミンやザグルールでさえ成しえなかった聖典コーラン批判という一線を越えてしまったのです。

■イスラムは異質な外来文化

しかし、ターハは解雇後もエジプト人に非イスラム的アイデンティティを植え付ける啓蒙活動を展開していきます。アラブ・イスラム文明以前にあった国民のルーツを回復する一連の著作です。

初期の代表作『エジプト文化の将来』（1938年、未邦訳）はターハの思想をよくあらわしています。自身のファラオ主義を発展させて、エジプト人はナイル・地中海文明に属するという説を展開した本です。

この本の中で、ターハはまず、ナイル川に発したエジプト文明を、その後、地中海をはさんで展開したギリシアやローマの文明のルーツと位置づけ、両者の交流によって生み出された文明をコスモポリタンな「ナイル・地中海文明」として再定義します。その後、エジプトがアラブ・イスラム文明の影響を受けたのは事実だが、それがエジプト人元来のアイデンティティを作っているわけではない、と唱えました。

そして、ターハはこう問いかけます。西洋諸国が東方から伝来したキリスト教を受容したからといって、西洋人自体が東方文化に染まったのか。そんなことはない。それぞれの地域本来の文化アイデンティティは固有のものである。それとまったく同様に、エジプト人が東方からきたイスラム教やアラブ文化を受け入れたからといって、エジプト人の「ナイル・地中海文明」の固有性はなくなったわけではない。エジプト人の真のルーツを再認識することがエジプトの将来への発展の道筋である、と説いたのです。

この説は、エジプト人の誇りをおおいに刺激し、一世を風靡します。ターハの思想は、西洋化一辺倒の建学者ザグルールやアミンの思想ではしっくりこなかったエジプト人にもフィットしました。ファラオ主義は、西洋への劣等感の裏がえしとしてのナショナリズムではなく、それどころかエジプト人こそ、西洋文明の中心的な役割を果たしてきたのであり、イスラムこそ異質な外来文化であるとターハは位置づけたのです。

■ノーベル文学賞受賞者ナギーブ・マフフーズが絶賛

この思想はカイロ大出身の知識人に大きな影響を与えます。ノーベル文学賞を受賞したナギーブ・マフフーズ（1911～2006）がその筆頭です。マフフーズはカイロ大22期生で、1934年、カイロ大学文学部哲学科を卒業しています。彼はターハの説をさらに拡張しました。

「エジプトはただの土地ではない。文明の発明者である（中略）この卓越した文明はナイル川岸の長細い土地で生まれ、道徳の価値や一神教という概念、芸術、科学を創り出し、世界に提供してきた。他の文化や国家が衰退し、滅びた後もエジプト人は生き延びてきた。なぜなら、エジプト人は歴史を通じて、この世の生を謳歌することを使命としてきたからだ』（ムハンマド・サルマウィとの対話集『私のエジプト』1996年、未邦訳）

▲ナギーブ・マフフーズ

いわば人類文明のエジプト中心説です。そして、現世信仰を強調し、イスラム教の核心「来世への信仰」の否定ともうけとれる歴史観です。

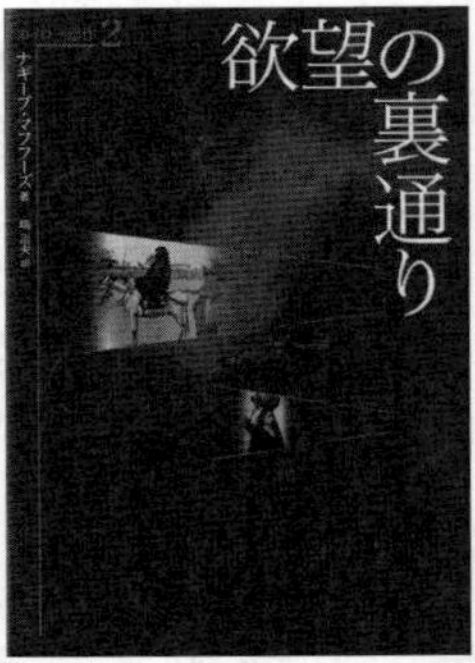

▲マフフーズの小説は日本語訳も出版されている
©国書刊行会

この考えは今日、世界にエジプトの偉大さを発信するメッセージにも使われています。たとえば、エジプト高等教育省発行の外国人向け「留学ガイドブック」最新版の冒頭にはこう記されています。

「エジプトこそ、世界の母であり中心である。エジプトは古代から人類の文明を包み込み、人類にとって不朽のメッセージを発展させてきた。それは、人類は兄弟であり、仲間であるという宣言である。（中略）諸君はエジプトと古くからゆかりのある人々との絆を継続することになる。エジプトは、ハガル（旧約聖書に登場するアブラハムの妻サラの女奴隷）の生誕地であり、幼年時代のイエスの訪問地であり、ナギーブ・マフフーズ（ノーベル文学賞受賞）、アハメド・ズベール（ノーベル化学賞受賞、アレクサンドリア大学卒）、サダト（元大統領、ノーベル平和賞受賞）の母（なる大地）なのだ」（カッコ内は筆者補足）

これはもはや、ただの留学案内ではありません。外国人も世界の中心エジプトに学びにくれば、人類文明の後継者になれるという壮大なメッセージです。

■カイロ大学生をイスラム化した　ハサン・バンナ

ターハが先鞭をつけたエジプト中心の価値観。しかし、それを全面的に否定したのがハサン・バンナ（1906〜1949）です。1927年、カイロ大学ダール・アルウルーム学部（当時は、独立した高等師範学校。直訳は「知恵の館」。1946年にカイロ大学に編入）を卒業後、イスラム世界最大の政治・慈善・教育団体となるムスリム同胞団を一代で築いた人物です。

彼の歴史観は、イスラム栄光の時代と見なされている正統カリフの時代（632〜661）からはじまります。古代エジプト史はもちろん、イスラム化前のアラブ史にも一切言及しません。

▲ハサン・バンナ

バンナにとってエジプト人とは何者なのか。バンナはエジプト人を、イスラム史上、最大の2つの脅威への勝利に貢献した民族として称賛します。ひとつ目はアイユーブ朝時代、十字軍を撃退しフランス王ルイ9世を捕虜にしたこと。二つ目はマムルーク朝時代、アイン・ジャールートの戦い（1260）において、アッバース朝のカリフを殺害したモンゴル帝国遠征軍を撃退したことです。

バンナはカイロ大の建学者たち――愛国主義者、イスラム主義者、王政主義者――すべての申し子です。とくに政治運動についてはムスタファ・カーミルが発刊した雑誌『アル・リワ』(旗印)、宗教改革運動ではカリフ制復興論者ラシード・リダが主幹をつとめた『マナール』(灯台)誌の愛読者でした。リダが連載したイスラム国家論に感銘を受け、直接、何度も主幹と面会を求めたほどでした。また、エジプト王ファアードをいずれカリフにするため、既存の王政の支持者でもありました。

バンナの活動時期は1920年代から40年代。ザグルールからルトフィ、ターハらカイロ大学的知識人がすすめてきた急進的ともいえる非イスラム的なエジプト中心史観の普及時期と重なります。

■ムスリム同胞団の誕生

当時、エジプト人のアイデンティティは混迷していました。国家とは何か。国籍とは何か。ナショナリズム(国家主義)とは何か。宗教とナショナリズムの関係は何か。自己アイデンティティを形成するにあたり、それら相互の関係はどうなっているのか。

西洋近代化やファラオ主義など独自の解釈を下せる一部の知識人を除いて、こうした問いに対して、ほとんどのエジプト人は答えられませんでした。とくに1924年、1000年以上、エジプト人が帰属していたオスマン帝国によるカリフ制が廃止されたことは大事件でした。アイデンティティの危機どころか、その拠り所が消滅してしまったのです。

そこに登場したのがバンナです。カリフ制廃止に危機感を感じた彼は、学校の教員をしながら独自の啓蒙活動を開始します。その後、6人の有志と「われわれは神への奉仕の同胞だ」と誓いをたて、「ムスリム同胞団」というスンナ派のイスラム主義組織の結成に至ります。

それは、ただ伝統的なイスラム教に回帰する運動ではありません。従来のアズハル大学を中心にしたモスク教育はカリフ制の廃止という大事件に対して、何もできませんでした。かといって、自分が受けた西洋的な教育や世俗的な思想で、欧州圧政下のエジプト、イスラム世界を復興できるのかといえば、答えはノーでした。

そこでバンナが活動拠点に選んだのは、モスクでも大学でもなく、カフェや地域の集会場でした。そこで彼は一般の人々に語りかけました。これまでアズハル大卒業生（アズハリー）が独占してきたモスクでの〝説教マーケット〟を中抜きしたのです。宗教知識を持つアズハリーは、長年にわたってアッラーと人々の間に介在するイスラム教の中間流通業者のような役割を果たしていました。そこで、バンナは、信者が直接アッラーにつながり、神に奉仕できるようなメッセージの伝達をはじめます。すると彼の理念に感銘を受けた学生や労働者、ビジネスマンが支持者となり、同胞団の会員は急増します。

■広がる同胞団の活動

同胞団はただの信仰団体ではありません。慈善事業から学校運営、イスラム金融から法律相談、病院経営から孤児院運営まで、イスラム的な生き方を実践する社会活動を展開していきました。民衆の支持は広がり、結成の20年後には当時の人口の1割にあたる200万人が同胞団の会員となり、エジプト最大の民間団体に成長します。さらにパレスチナ、シリア、ヨルダンなど海外にも活動を広げる国際的な団体へと発展します。

ザグルールらの思想によって世俗的な社会制度が普及していく一方、バンナ率いる同胞団によってイスラム的な近代制度が発展していったのです。いうなれば、同じ領域国家内に非イスラム化された社会制度とイスラム的な社会インフラが競い合い、並列する二重構造ができあがっていきます。

同胞団は、世俗的なリベラル教育や価値観に反発していたカイロ大学の学生や教職員の間にも圧倒的な支持を得ます。カイロ大学内にも支部がつくられ、学生会から教授会、職員組合を同胞団系が席捲します。大学内には同胞団の他、ザグルールが創始した当時の与党ワフド党、ルトフィ学長がリードした野党リベラル立憲党など、同胞団以外の政党のカイロ大支部も立ち上がりますが、その中でも同胞団は多数派でした。

知識層の支持者の増大とともに、政治活動も活発化していきます。1930年代、ファード国王にカリフの称号を保持するよう要望書を送るなど、バンナの志のひとつであったカリフ制の再興運動もはじまりました。さらには、海外のイスラム諸国の指導者に書簡をおくり、イスラム法順守を要求します。国民国家の領域を超え、イスラム法にもとづく広範なカリフ国家建設に向けた布石です。

■カリフ制の再興という理想

カリフ制というと過去の歴史上の話に聞こえますが、カリフ制を抜きにはイスラムを語ることはできません。バンナから第8代目のムスリム同胞団最高指導者ムハンマド・バディーウ（1965年カイロ大獣医学部卒）は2011年、「カリフ制を確立するという究極の目標に近づいている」と発言しています。バディーウは狂信的な宗教家ではありません。彼は博士号を取得し、カイロ大獣医学教授として、多くの獣医師を育成してきました。その学問的業績から「世界の偉大なアラブ科学者100人」に選ばれたこともあります。建学者の一人ラシード・リダが理想としたように、近代教育の追求とイスラム的な社会実現は彼らのなかでなんの矛盾もないのです。

リダが文章で記した理想を、バンナが実践し、その流れは現代にも引き継がれています。そのバンナの思想とはなんだったのか。著書『過去と現在』（未邦訳）によると、その特徴は、欧米に勝つ歴史観です。そこには、列強にやられてきた過去を悲観的にとらえず、現在をポジティブにとらえる思考の鋳型が組み込まれています。

バンナは問います。そもそもなぜ西洋がイスラム世界より強くなったのか。それは西洋人の二つの経験が契機になったからだといいます。ひとつ目はキリスト教世界であったスペインがイスラム化して隆盛を誇ったこと、二つ目はそれに危機感を感じて十字軍を送り込んだものの、イスラム軍に撃退されたという2点です。西洋はイスラムに対抗すべくフランク人のもとに結集し、キリスト教世界が一枚岩となったことによって勢力を増したのだとバンナは主張します。「西洋が強くなったのは、イスラム世界の強さのおかげだった」という手前味噌な歴史解釈ですが、これが西洋列強にやられ、傷ついたエジプト人の自尊心をくすぐりました。

さらにバンナは、歴史のなかに西洋の弱点を見つけます。宗教改革による世俗化によって、国民国家が誕生し、その結果としてキリスト教のウンマ（共同体）が消滅した点です。バンナは西洋をひとつの宗教的な共同体とみなしており、その分裂をイスラム共同体にとって好機ととらえたのです。

■ナショナリズムを取りこむ

バンナの西洋史観では、共同体を失った世俗的な西洋諸国は、競ってイスラム世界に経済支配にやってきます。その過程で、列強に対抗すべく、イスラム共同体内で起こった宗教的な現象がナショナリズムだとみてとります。そして、この動きをポジティブに再解釈します。

保守的な人からはナショナリズムはイスラム共同体を分断するという観点から、ネガティブにとらえられていました。しかし、バンナは、ナショナリズムによって各地のイスラム教徒が団結し、さらに大きなイスラム共同体を形成するだろうと肯定的な見方をしました。神の定めから見れば、ナショナリズムはカリフ制の再興とともに沈静化する一時的現象であるというわけです。

このようにバンナは従来、否定的にとらえられがちだった近代のイスラム世界の「過去と現在」を肯定的に再定義しました。その延長上に最終的な（イスラムという）「正義の勝利」があるという見方です。

勝つための方法は簡単です。カリフ制に戻り、イスラム法を順守するウンマ（イスラム共同体）をつくる。そうすれば、神の法に背き、世俗化してしまった西洋世界に負けるはずがないとバンナは考えました。

当時、イスラム世界は西洋の軍事力・技術力に対して完全に劣勢でした。その状況をイスラム的ポジティブ思考によって、バンナはいとも簡単に超越してしまっています。これは、エジプトに根差してきた宗教観、世界観を残したまま、西洋に勝つという思考法です。

外来思想を輸入した世俗主義と異なり、保守的な人々が飛びついたのもうなずけます。

さらにバンナは同胞団の思想として、大衆の間で人気が根強かった建学者カーミルの愛郷主義的な要素も取り込みます。イスラム的かどうかは別として、「自分の土地を愛し、愛着を感じるのは魂の自然な姿」として認めたのです。

■バンナの暗殺、そして武装組織化へ

バンナは当時、勃興の兆しをみせていたアラブ民族主義さえも受け入れます。

カリフ制が衰退したのは、西洋の植民地化以前に、その権威がアラブ人から非アラブ人に移ったせいだとバンナは言及します。トルコ人やペルシャ人より、アラブ人のほうが信仰心があると考えていたからです。コーランがアラビア語で啓示された以上、完全に理解できるのはアラブ人しかいないというのが根拠です。

これだとカリフ制再興はイスラム教徒全体のためのものという主張とは矛盾します。しかしバンナの思想や論説は、純粋な宗教的啓蒙というより勧誘色が強いものでした。西洋列強からのム

スリム世界の解放という目的を共有しているならば、エジプト愛国主義者であろうと、アラブ民族主義者であろうと、同胞団に取り込んで運動を拡大しようというのがバンナの戦略でした。

こうして国内の思想戦に勝利したバンナは、さらにイスラム武闘派を取り込みます。こうして同胞団の綱領のなかに、「ジハードはわれわれの道」「その道における死は崇高である」という項目が加わります。その実働部隊として、極秘に民兵団が結成されます。

ところが、そんな運動の渦中、バンナはカイロの通りで何者かに暗殺されてしまいます。同胞団は求心力を失い、以後、武装組織の独立性が高まっていき、西洋との軍事戦に突入していきます。1946年にはイギリス兵への攻撃を開始。第一次中東戦争ではイスラエルと戦闘します。そのときに同胞団員の一人として参加したのが、のちのPLO議長ヤセル・アラファトです。1951年には同胞団はスエズ運河に駐留する英軍へのゲリラ戦を仕掛けます。その中心となった志願兵はカイロ大学生からなる同胞団員でした。

■カイロ大の学問の自由を終焉させた　ガマル・アブドゥル・ナセル

この同胞団民兵を利用してクーデターで権力を奪取したのが、ガマル・アブドゥル・ナセルです。のちのエジプト共和国大統領として名高いナセルですが、彼こそはカイロ大学建学以来の多様な思想、アイデンティティ闘争を軍事独裁によって、強制終了させた張本人です。

カイロ大学はナセルによって本質的に変容し、現在にいたる強固な国家管理のもとに置かれることになります。

ナセルはカイロ大法学部中退後、陸軍士官学校を卒業。同胞団の民兵団に対する軍事指導者の一人として活動します。同時に、独自に反英軍の将校集団「自由将校団」を結成し、クーデターを目指します。舞台の背後では、バンナとナセルの間で、英軍追放のために同胞団と自由将校が同盟を組むべきか、独自路線でやっていくべきか協議が重ねられていました。バンナ亡き後、民兵の主力派はナセルとの共闘を選び、クーデターの道を支持します。

非武闘派の同胞団執行部はナセルとの共闘にあたって、次の2つの条件を認めさせます。ひとつは英軍追放後、軍事クーデターから文民統制に戻ること、もうひとつは、よりイスラム的な政府を樹立することでした。

1952年、自由将校団の作戦に対し、同胞団は宮殿への道路を封鎖するなどで協力し、国王を追放するクーデターに成功。王政を廃止し、共和制に移行します。ナセルは士官学校の先輩ナギブを大統領に据えて、自身は副大統領につき実権をにぎります。政党活動を禁止、憲法も停止して、すべての権力を革命評議会に集中させました。

その過程でナセルは同胞団との約束を反故にします。それどころか、同胞団を利用しつつ、徐々にその弱体化を図ります。

ナセルがまず行ったのは同胞団のカイロ大生を使ってクーデターに反対する勢力を抑え込むことでした。敵はザグルールが創始したワフド党派のカイロ大生です。クーデター前、長年にわたり政権を握っていたのはワフド党です。リベラルなエジプトを目指してきた彼らは、軍事クーデターで権力の座についた自由将校団を認めるはずがありません。ワフド党はカイロ大で反クーデターのための大規模デモを繰り返します。これをナセルは暴動とみなし、鎮圧のために表面上、共闘関係を結んでいた同胞団民兵の学生部隊を送り込んだのです。

その一方でナセルはクーデターを支持する自身の学生民兵組織「解放団」を組織します。その組織力が整ってくると、今度は同胞団の武装活動に制限をかけます。同胞団の軍事訓練キャンプを閉鎖し、自由将校団の支配下に置いたのです。

▲ガマル・アブドゥル・ナセル

裏切られた同胞団はナセルへの反発を強めます。「ナセルVS同胞団」抗争のはじまりです。その主戦場はまたしてもカイロ大学でした。ムスリム同胞団が率いる反ナセルの学生らが何千人も集います。

■カイロ大粛清事件

1954年1月、同胞団のもとに他の学生グループたちも集結します。先日まで互いに闘っていたワフド党や元学長ルトフィが発起したリベラル立憲党の学生などです。長年、思想闘争のライバル同士ですが、ナセルの独裁を許してはすべてが水泡に帰してしまうとの恐れから共闘し、「よりイスラム的な政府を！」「立憲政治の復活を！」と、反ナセルの旗のもと団結したのです。

しかし、反対勢力が結集したこの場をナセルは絶好の機会とみてとりました。実力の差をみせつけ、二度と歯向かわせないようにするため、カイロ大学に武装した自身の支持組織「解放団」を送り込みます。さらには治安部隊も投入し、反ナセル学生を完全制圧しました。逮捕された学生や教職員は数百人に上ります。

翌日、ナセルは戒厳令を布きます。

しかし、そんなことではナセル打倒を目指すカイロ大生はあきらめません。翌月、学生たちはカイロ大キャンパスにあらためて集結します。今度はナギブ大統領支持を旗印に団結し、大統領の住む宮殿に行進します。より民主的、イスラム的とみなされていたナギブの心情に訴え、裏で実権を握るナセルを追放するためです。ところが、またしても解放団と治安部隊に阻まれます。それどころか同胞団と共謀したとして、希望の星ナギブが幽閉されてしまいます。

その翌月の3月、最後の決戦を迎えます。反ナセルの学生たちが大学に何千人も集結し、権力を独占する「革命評議会の解散」を求めます。2日にわたる闘いの末、当局は突如、カイロ大学の閉鎖を宣言します。

世にいう「カイロ大粛清事件」のはじまりです。まず、学長、副学長が解任され、ナセル信奉者にすげ替えられます。反ナセルとみなされた教授陣も全員解雇され、准教授も助教授もアシスタントも同じ運命をたどりました。事務職員であっても、少しでも体制を批判すれば失職です。

大学の理事会には軍人が送り込まれました。建学者たちが思想闘争を繰り広げ、学長ルトフィが発展の道を切り開いた歴史あるカイロ大理事会は、独裁者ナセル称賛の場に一変します。

大学自治の象徴であった、学部長選挙も廃止されます。代わりに、国立カイロ大学を管轄する文部大臣もナセルに近い軍人が選任されました。その軍人の文部大臣が学長を選び、その学長が学部長を選ぶ体制に変更されました。こうしてカイロ大学は完全に革命評議会の管理下に入りました。

評議会による学生管理も強化されます。学生運動は禁止され、学生会選挙も廃止されました。学生会選挙はワフド党系と同胞団系の学生が多数派を争ってきたカイロ大学伝統の選挙です。世俗派かそれともイスラム派か——エジプトの将来のアイデンティティを競い合う自由討論の場が消滅してしまったのです。

カイロ大を粛清し、変容させていったナセルと軍人出身で教育大臣となったカマル・アッディン・フセインは、カイロ大学法学部の中退者です。カイロ大に失望し、陸軍士官学校に入り直し、将校になったキャリアも同じです。彼らはエジプトが革命前、弱体化した理由のひとつはカイロ大学の教育のせいだとみなしていました。当時、国会議員から大臣、政府機関の重職にいたるまで、多くがカイロ大学出身の知識階級だったのです。

■ナセルのアラブ民族主義

実践的、戦術的な軍人教育を受けたナセルには、おそらくカイロ大生はこんな感じに見えていたことでしょう。学生は英国や王政を倒す実力もないのに、デモ活動には熱心。見かけ上、学生運動の闘士として、名をあげれば政治家の道が開かれる。しかし、カイロ大卒業生ばかりが集まった国会はリベラル教育のせいで議論ばかりで、何も決められず、実質的な行動をおこせない。そんな若者や政治家を生み出すカイロ大の大学教育を不毛と見ていたのです。

結局のところ、彼らカイロ大知識人たちが新興権力者になって、エジプト王室や英国などの外国勢力と結託しているにすぎない。ナセルはそうした状況を特権階級による癒着とみなしていました。そんな腐敗したエジプトの権力を庶民の手に取り戻すには、軍人が行動を移すしかないと考えたのです。

ナセルは有言実行します。カイロ大粛清と同じ年の10月、ナセルはスエズ運河に駐留していたイギリス軍を撤退させることに成功します。これまで半世紀かけて、建学者やカイロ大第一世代らが行ってきた反英闘争と思想競争は一体なんだったのか。ナセルからみれば子供の遊びのようなものです。

そんな〝役にたたない〟西欧的リベラルアーツ教育の代わりにナセルがカイロ大に導入したのが国家統一カリキュラムでした。共通目標に向かって、学生の意思統一を図る軍隊式の思想教育です。

中でも、ナセルがいちばん重要視したのが「アラブの統一」を目標とする民族主義教育でした。これがカイロ大の必須科目になります。一年生は「アラブ社会」、二年生は「7月23日（ナセル）革命」、三年生は「アラブ社会主義」と続きます。

しかし、アラブの統一といきなりいわれても、誰もピンときません。これまでみてきたように、20世紀初頭のカイロ大建学から1940年代まで、エジプトの思想闘争はごく少数派を除き、エジプト国民国家か、それともイスラム共同体かという二項対立でした。その両者を全面的に否定し、「われわれはアラブ人だ」という新たなアイデンティティを作り出そうとする試みがいきなりはじまったのです。

■カイロ大学をアラブ民族主義教育の場へ

カイロ大学は、エジプト人＝アラブ人という新たなアイデンティティの普及機関へと変貌しました。といっても、新しい考え方ですから、教科書さえありません。そこで、カイロ大の教授たちが教科書を執筆します。ナセルに粛清されずに生き残った教授たちですから、自らの思想信条はありません。時代に迎合し、ナセルを礼賛する教科書を量産していきます。大学だけでなく、中等教育でも必須科目なのでベストセラー間違いなしです。30種類以上のテキストが出版され、当時、コーランより多くの部数が刷られたといわれています。

どんな内容だったのでしょうか。

まず、預言者ムハンマドと初期のカリフによって、アラブが統一された経緯が語られます。その後、西洋の帝国主義がいかにアラブの統一性を歴史的、地理的、言語的、政治的に踏み潰してきたかが詳述されます。そこに颯爽と登場するのがナセルです。ナセルは暗黒の時代を覆した革命児かつ英雄として描かれます。そのナセルのもと、学生の務めはすべて、アラブ再統一への道実現のために励むことにあるという結論です。

ナセル革命に先立つ時代の功績はすべて無視されます。400年にわたる非アラブのオスマン帝国やその一部であったエジプト王朝は腐敗していたと糾弾されます。これは、イスラム共同体やカリフ制の重要性を説く、リダやバンナのイスラム史観とも真っ向から対立しました。

革命を助けた同胞団は裏切られたとナセル暗殺を企てますが、失敗に終わります。反対に同胞団への弾圧は激しさを増していきます。「アッラーへの奉仕」にはじまったムスリム同胞団の栄光の時代は終わり、「革命への奉仕」が至上の価値を持つようになりました。

ナセルのアラブ中心主義は、エジプト人のルーツとして、古代エジプトやギリシア・ローマ時代を重視する、学長ルトフィやターハ文学部長がリードしてきたカイロ大学史観の全面否定でもありました。ナセルにとって重要なのは古代から続くエジプト国民の形成ではない。ましてムスリム共同体の再興でもない。そんな過去の栄光に浸るのはやめて、果てないアラブ民族の統一という未来の目標を設定したのです。その実現のために、新たな歴史観とイデオロギーを形成していきます。

その歴史観にそって、カイロ大の歴史さえも修正されます。カイロ大の創設に寄与した建学者の功績は無視されていきました。カイロ大学はナセル革命当時、「ファード1世大学」という名称でした。ファードの死後、彼の功績をたたえ「エジプト大学」という名称から改名されていたのです。しかし革命後、王室の歴史を抹殺するため、ファードの名は取り除かれ、「カイロ大学」と命名されます。

■国家による教育統制の始まり

　大学に導入されたのはアラブ民族主義だけではありません。その他の学科、教科についても、軍事政権の思想統制がはじまりました。テキストの検閲がはじまり、検定教科書が配布されるようになります。ごく一部、イブラヒム・アブドゥのような反骨精神のある教授もいました。専制に支配されたカイロ大学を批判する書籍を発表しますが、発禁となり、解雇されてしまいました。

　革命10周年記念日、ナセルはカイロ大学を電撃訪問し、大講堂で演説します。そこで宣言したのは、「大学教育の無償化」です。その理念は「農家の娘もカイロの富裕層も同じ教育を受けられるように」。大学教育を「特権ではなく、国民の権利として保証する」と宣言します。

　聞こえはいいですが、これは事実上カイロ大学の国有化宣言であり、大学教育の国家統制への道がはじまります。

　まず、社会主義の思想教育の徹底です。ナセルは学生が他の思想に傾倒していないか監視する「社会主義青年会」を立ち上げます。禁止された学生会に代わって、青年会に国家予算がつけられ学生活動を独占します。思想形成とその競争の場であったカイロ大学は、アラブというひとつの「超越国家」建設目標に従属する学生を生産する組織に変容します。

　高等教育省も新たに設置されました。従来の教育省から独立して、大学教育を管轄する省です。

予算はほとんど学費に充てられ、教職員の給与と研究費は激減。意欲ある研究者は海外に流出していきます。無償化によって進学率はあがりますが、教育の質は低下の一途です。社会主義ですから、大卒後の就職の道は安月給の国家公務員ぐらいしかありません。個人の自由、創意工夫より、社会の公平を優先する国家がたどる道です。

サダム・フセインが留学するのもこのころです。彼の伝記作家は当時のカイロ大をこう総括しています。

「カイロ大では政治的な意見を述べた学生や講師は、即、監獄に入れられた。独立した思考を禁じられ、物事を多面的に解釈することより、ただ暗記すれば単位がとれた。知的なアラブの革命思想に燃えていたサダムにとっては、束縛の多いカイロ大学の生活はそれほど知的好奇心を満たすものではなかったのだろう」

■現在のカイロ大学評

無償化から10数年後、1970年代のカイロ大の様子を小池百合子氏が自叙伝で描写しています。

「一学年一クラスが四百人近い大所帯である。狭い教室には全員が入りきらず、八人掛けの長椅子に十二、三人が、交互に、浅く、深く腰掛ける。階段教室では通路の階段にまで座り込んで、まるで超満員の映画館である。これが最高学府の教室だとは思いがたいほどの混みようだった」

さらに10年後、ユネスコが１９８０年代のカイロ大について調査しています。教育の劣化はさらに進行していました。

教授一人に対する学生数は６６６人。１年の開講期間はわずか20週間（世界平均36週間）。教育投資費は学生一人当たり12エジプトポンド。学生数15万人に対し、全校舎のスペースは３万５０００人分しかない。

そのさらに10年後に１９９０年代、カイロ大学で学んだのが筆者です。教室が「超満員の映画館」というより、「キャンパス全体が山の手線の満員状態」のような有様でした。

現在のカイロ大学はどうでしょうか。東京大学准教授でアラブ政治思想専門家の池内恵《さとし》氏は学会で訪れたカイロ大をこう評しています。

「カイロ大学は学生総数が三十万人以上といわれる。文学部だけで二万五千人。哲学科に毎年千人以上の学生が入学するような施設を『大学』と呼ぶことが適切かどうか、私にはわからない」「ましてや『東京大学』と同列の『最高学府』などと考えると対象を大きく見誤ることになる」（フォーサイト「中東─危機の震源を読む」2006年12月号）

これが、ナセルのカイロ大学国有化の成果です。

ナセルの死後、カイロ大生を対象にしたアンケートがあります。ナセル時代の教育について質問したものです。

半数の学生が「自分のキャリアにとって、社会主義的な講義に不安」を感じ、3分の1が「国家検定カリキュラムに憤慨した」と回答。活動を禁止されたムスリム同胞団系学生の多数は、「今後は（社会主義ではなく）イスラム教育を必須にすべき」と答えています。

学生はみながナセルの思想教育に洗脳されていたわけではなかったのです。とはいえ、ナセルのアラブ統一の考えに対して、現在でも一部の支持が残っています。

アンケートをとったカイロ大生はこういいます。

「アラブの国々が団結すれば、私たちももっと強くなれるはず。言葉も同じだし、歴史も共有しているから」（理学部1年生）

以上、建学者から第二世代のカイロ大出身者ターハ、バンナ、ナセルの思想と闘争、そしてそれらのカイロ大に与えたインパクトについてみていきました。

■政府転覆の理論を構築した　サイイド・クトゥブ

第二世代の3人に対して、真っ向から論戦を挑んだ卒業生がいます。同じ第二世代のイスラム理論家サイイド・クトゥブです。3人を論駁《ろんばく》していく過程で、クトゥブの思索は修正、純化されていき、その死後、世界を変えることになります。

クトゥブとバンナは同じ年生まれです。地方出身で世俗教育を受けてきた点も同じです。カイロ大学の専攻も同じダール・アルウルーム（詳細はP181参照）です。

クトゥブの父は建学者ムスタファ・カーミルが率いた国民党の熱心な党員で、自宅は党インテリ層の集会場でした。彼は高校・大学進学のため、カイロに移り住み、叔父の家に下宿します。その叔父の影響で、建学者ザグルールのワフド党に入党します。カイロ大学の講義のあとは、著名な博物学者アッバース・アルアッカドに師事します。詩学からアラブ文学、イスラム学、歴史、哲学、政治、生物、批評学まで手ほどきを受けます。

卒業後は教員を務めながら、執筆活動を開始。同窓生のバンナがムスリム同胞団の活動を拡大していた1920年代、30年代、クトゥブの関心はイスラム思想ではなく文学に向けられ、批評家として頭角を現します。テーマは文学の使命や知識人の役割を論じる理想にみちたものでした。やがてクトゥブは批評活動だけでなく、自身の詩や小説を精力的に発表し、文学に身を投じていきます。

執筆活動を続けながら、クトゥブは文科省の役人に転じます。そこで出会ったのが上司のターハ・フセインです。ターハはカイロ大文学部長を解任された後、同省の顧問を務めていました。二人は上司部下の関係を超え、文学者、知識人の同志として、親交を深めていきます。

しかし、1940年半ば、クトゥブはターハと袂を分かちます。ターハを筆頭としたカイロ大学出身の知識人たちの批判を開始したのです。それはちょうど、イスラム諸国が西欧に対して独立闘争をはじめた時期でした。他国の知識人が国の先頭にたって抵抗運動をしているというのに、エジプトの知識人たちは国内の派閥政治にのめり込み、利益を貪っている。彼らは文学の権威を借り、権力側の主義主張に合わせた文章を書き、媚びる売文家にすぎない、とクトゥブは糾弾します。

▲サイイド・クトゥブ

実際、ターハはときの権力に追随しながら、ポストを得てきました。当初はリベラル立憲党を支持し、同党創設者で学長のルトフィに可愛がられ、学部長、理事の職を得ます。学部長職を追われた途端、ターハはこれまで独裁だと批判してきた建学者ザグルールのワフド党に鞍替えし、その政党誌の編集長として破格の報酬を受けとりながら、同党を称賛しはじめました。その手柄で1940年代には、ターハはカイロ大文学部長に返り咲きます。その後、各党が利害を超えて、反王政運動に団結する中、ターハだけは国王を称賛します。そして、教育大臣の座を勝ち取るのです。謁見時、他の大臣が拒絶する中、彼一人は国王の手にキスをしました。

ターハの教育大臣時代には、カイロ大生たちが反英闘争を繰り広げ、死者も出ていました。そんな中、ターハは奥さんとフランスにバカンスに出かけます。

クトゥブはそんなターハを批判し続け、「文学は死んだ」と書きます。世間から見ればターハはカイロ大学文学の象徴であり、教育大臣という知識階級の権威の象徴でしたが、クトゥブからすればただの日和見主義者でした。ターハの行為は「文学の良心というつとめを放棄した文学の暗殺であり、有罪である」と断じたのです。

そんなクトゥブは煙たがられ、教育省からアメリカ留学を言い渡されます。表向き、西洋の先進的な教育制度を学ぶミッションでした。そこで彼が見たアメリカは、「性的退廃」「人種差別」「犯罪」が蔓延する不道徳な社会でした。そこにクトゥブは西洋文明の衰退をみます。そして、その西洋から学んだエジプト知識人の腐敗とをオーバーラップさせました。

■アラブ社会主義を否定したクトゥブ

アメリカ留学中、クトゥブはエジプト、そして世界で社会正義を実現するには、イスラムの教えしかないという結論に達します。カイロ大や建学者から学び、長年、信奉してきた世俗主義やリベラルな文学との決別です。アメリカの大学で修士号を取得する傍ら、帰国を前に、イスラムを軸にした新たな文明論『イスラムにおける社会正義』（1948年、未邦訳）を執筆します。

これは西洋の資本主義とソ連の社会主義は物質主義の哲学で同類だとするイデオロギー批判の書です。そのうえで、本当の思想闘争は将来、両主義とイスラム（主義）との闘いになると1948年の段階で予見。資本主義と社会主義が争う東西冷戦がはじまったばかりのころです。そして、「イスラムは社会、より正確には国家という具体的な形をとらない限り、その役割を完結できない」と同書で断定します。

帰国後、教育省を退官し、ムスリム同胞団に入団。その博学と純粋な信仰から尊敬を集め、すぐに伝統ある同胞団機関誌の編集長に就任します。バンナ亡き同胞団の理論的支柱となったのです。

西洋列強のイデオロギーに真っ向から挑むクトゥブを評価したのは、じつは後に対立するナセルでした。同胞団と共闘したクーデターの後、彼を文化顧問に任命します。旧政権や知識人批判の急先鋒としてその名を馳せていたクトゥブがナセルの目にとまったのです。

クトゥブのほうも西洋帝国主義の傀儡王政を打倒したナセルを認めていました。しかし、先に見たとおり、ナセルが同胞団との約束を反故にし、反イスラム的な政治をはじめると批判に転じます。

彼はナセルが導入した社会主義だけでなく、アラブ人という新たなアイデンティティを否定しました。アラブ民族という概念自体を「偶像」崇拝であるとして、真っ向から批判したのです。クトゥブは民族や国家を超えたイスラム信仰共同体（ウンマ）にこそ、普遍的な意義を見出していました。そして、確固たるウンマが確立すれば、民族や国家などすべての社会属性は消滅するというユートピアな未来を描きます。

クトゥブの歴史観は、アラブを第一に考えるナセルとはまったく違います。

イスラム文明は一日たりともアラブ文明ではなかったとクトゥブは定義します。そうではなく、イスラムこそがアラブの野蛮な無明時代（ジャーヒリーヤ）からの解放をもたらしたとみます。

そして、アラブ世界は、イスラム教徒が多数派であっても、統治がイスラム的でなければ現在も「無明社会」であるとみなしました。いくらモスクがたくさんあり、人々が日々礼拝し、信仰心がいくら篤くても、アッラーの統治権がない限り、その空間にはイスラムは実質的に存在していないというのです。〝祖国〟という言葉が人間にとって価値を持つのは、イスラムの信仰、生き方、法が実現された場所においてである、と断言しました。その状態、場所をクトゥブは「イスラムの家」（ダール・アルイスラーム）と呼んで理想化し、その反対の状態を「戦争の家」（ダール・アルハルブ）と呼びました。

クトゥブはこの考えを厳格化し、現代社会に適用していきます。世界を「真のイスラム社会」と「ジャーヒリーヤ（無明）社会」の真っ二つに区分し、前者はイスラム法が完全に施行されアッラーのみが主権を有する世界で、後者はそうでない世界としました。イスラム教徒にとって正当な統治区分はこの2つしかない。その中間は存在しない、と主張します。

この思想の延長線上にあるのは、イスラム法に従わない権力者は誰であれ、不信者であり、不義とする論理です。その思想は危険とみなされ、彼は晩年、ナセル政権下のカイロの監獄で過ごしました。残虐な拷問を受けながら、一連の思想書を秘密裡に発表。その後、ナセル暗殺未遂の首謀者として死刑宣告を受けます。しかし、処刑されたあとも、彼の書物の解釈はカイロ大学の次世代に受け継がれます。

今日まで受け継がれるクトゥブの思想

クトゥブの思想を学んだ後輩たちは、権力者を武力闘争で打倒し、アッラーの統治を確立するのが義であるという学問的な結論を導いていきます。カイロ大第三世代のイスラーム集団ウマル・

アブドゥルラフマン（1965年ダール・アルウルーム学部修士課程修了。2017年1月アメリカの刑務所で病死）や2章で取り上げたジハード団のファラジュやザワヒリらです。

クトゥブの思想はバンナと似ているように思えますが、根本的に違います。バンナは先に紹介したように同胞団勧誘の過程で、エジプト国家主義者やアラブ民族主義者を取り込んでいきました。世俗的な政府の存在も認め、「真のイスラム国家」への過渡期とみていました。クトゥブはその政治的プロセス自体を「無明」と断罪しました。彼にとっては、国家も民族も無明です。「無明」の産物を「真のイスラム国家」実現のための手段として使ってはならないと訴えました。無明の手段は、最終的に堕落してしまうという考えからです。

事実、同胞団はナセルというクトゥブの解釈では不信心者と手を組み、無明なナショナリズムに手を貸したことで、結局解体され、「真のイスラム国家」への道は閉ざされてしまいました。

バンナの執筆の絶頂期は、政治・言論の自由があり、まだ存在せぬエジプトという〝国家〟について、カイロ大学を中心に世俗派から愛国派、イスラム主義派間で盛んに議論できた時期でした。反対にクトゥブのイスラム思想についての執筆時期は、ナセルによって国家独立が現実的なものとなり、その思想統制によってイスラム法による統治という夢が終焉し、迫害されていた時期と重なります。

バンナとクトゥブの思想の違いは、未来に対してポジティブだったナセル前の時代と、監獄で殉教者になることが運命づけられたナセル後の時代の空気を反映しているかのようです。

一方、ターハのナセル後の運命はどうなったのでしょうか。クーデターで大臣職を解任されたターハは、手のひらを返し、クーデターを「フランス革命と比類する革命」と呼び、絶賛しはじめます。知識人として初めて、ナセルに政治的正当性を与えたのです。大御所のターハになびき、カイロ大の後輩知識人たちも追随します。自由将校団が表現の自由を制限し、カイロ大学に対して検閲を敷いても、ターハは革命の名のもと、その行為を擁護し続けました。カイロ大学が建学以来、英国の軍国主義に反対し、リベラルな国づくりに向けた学生輩出を目指してきたにもかかわらずです。さらには、ナセルのアラブ民族主義を肯定し、自ら提唱したファラオ主義を葬り去ります。クトゥブが批判したとおり、ターハは権力に屈する日和見主義者だったのです。

ナセルに気に入られたターハは国家所有の新聞の編集長に任命されます。カイロ大の教え子や後輩の知識人たちを雇っては、国家主導のプロパガンダの宣伝につとめました。1945年、ナセルとムスリム同胞団カイロ大生とが衝突したときには、軍事政権側につきカイロ大の後輩たちを非難する記事を発表します。クトゥブが死刑になった直後、ターハはナセルから最高の国家勲章であるナイル勲章を授与されました。

ターハがもたらしたのは、軍人に頭が上がらず、ときの政権をたえず正当化するといった現在にいたるカイロ大の権威主義の伝統です。しかし、ターハの思想の影響力が無に帰す一方、クトゥブの思想は一貫した純粋さと過激さゆえに、死後、その信奉者は地下に潜伏しながら世界に強い影響を与えることになります。

実際、クトゥブの思想は、1970年代のイラン革命にインスピレーションを提供し、80年代のソ連のアフガニスタン侵攻に対する武力抗戦への理論的支柱となりました。また。90年代には、アルカイダに活動のビジョンを提供し、21世紀のいまも大きな文脈で、世界で巻き起こる「イスラム国家」の形成運動を感化し続けています。

第5章

カイロ大学——政治闘争と思想輸出の前線基地

■世界を変えたカイロ大追放組

ナセル大統領の大学粛清（1954年）にはじまる国家統制によって、建学以来の思想闘争とアイデンティティ競争が終焉したカイロ大学。学問の自由、大学の自治は制限され、ナセル主義の前線基地と化したことを前章で見てきました。

その後、カイロ大学はどんな展開をとげたのでしょうか。

この章では1960年代のナセル大統領の時代から、サダト、ムバラク時代を経て、2011年のエジプト革命、そしてエジプト史上初の民主的大統領選挙（2012年）ののちの現在のシシ時代にいたる過程で、カイロ大学と出身者たちが時代の中でどのような役割を果たしてきたのか、学生運動と政治活動を中心に見ていきたいと思います。

その前に、ナセル時代にカイロ大学から追放されたり、投獄されたりした反ナセルの教授陣や学生たち、ナセルとの闘いに敗れたバンナやクトゥブの後継者たちがどうなったのかについて述べておきます。

ナセルの度重なる弾圧にもかかわらず、カイロ大学の教員や学生たちの未来は前途洋々でした。アラブ諸国から教育職のオファーが殺到したのです。ナセル政権下で数年、刑務所に入っていたぐらいの経歴の傷などなんの問題もありませんでした。カイロ大学はなんといっても、アラブ世界第一号の近代大学です。大卒教育を受けたカイロ大出身者はどこへいってもエリート中のエリートでした。彼らはとくに石油で潤っていた湾岸アラブ諸国（イラク、クウェート、サウジアラビア、カタール、バーレーン、アラブ首長国連邦、オマーン）に派遣され、各地域で教育制度を定めたり、教科書を作りながら、小中高等学校で授業をしていったのです。

アラブ各地の大学作りにも招かれました。サウジアラビア最初の大学マリク・サウード大学（在リヤド、1957年建学）もそのひとつです。サウード大学はもともと、1950年代、カイロ大学の出身者たちが学部制度からカリキュラム、学位授与の仕組みまで作り上げ、講義を開始してはじまった大学です。サウジ第2の大学マリク・アブドゥルアズィズ大学（在ジェッダ、サウジの商業都市）やバグダッド大学、クウェート大学、ベンガジ大学（リビア第二の都市）、カタール大学等でも同様でした。いずれもカイロ大学をモデルに設立され、カイロ大学出身者を学部長や教授陣に採用していきました。

彼らがアラブ諸国に持ち込んだのはエジプトの近代的な教育・大学制度だけではありません。学生たちにイスラム思想も一緒に植え付けました。4章でみたバンナ的なムスリム同胞団の思想から、クトゥブの説いた「ジャーヒリーヤ（無明）」思想まで、カイロ大学出身者から発信された思想がアラブ世界に輸出されていきました。

こうした思想を輸入した国々の若者は感化され、大人になり、その国の行く末、ひいては現代世界の国民国家という基本的な枠組みを揺さぶっていくことになります。

アルカイダの創始者ウサマ・ビンラディンもその一人です。

▲ビンラディン

ビンラディンはサウジアラビアのアブドゥルアズィズ大学で、カイロ大出身のエジプト人教授から指導を受けています。とくにビンラディンに影響を与えたのは、クトゥブの実弟ムハンマド・クトゥブ（１９１９～２０１４、カイロ大文学部英語学科１９４０年卒）でした。ムハンマドは兄の処刑後、サウジに逃れ、大学で職を得て、兄の獄中書簡を出版、解説しながら、若者に広めていました。ビンラディンは友人に、「（学生時代は）毎週、ムハンマド・クトゥブの講義に出席していた」と語っています。９・11事件後でさえ、公開動画でムハンマドの著書「『修正すべき概念』を読むべき」と推奨するぐらいの陶酔ぶりでした。同書でムハンマドは兄のジャーヒリーヤ社会論を修正・拡張し、反イスラム法的なアラブ圏の政権だけでなく、欧米の世俗主義や民主主義政権も打倒すべきと論じました。

教師以外のエジプト人もアラブ産油国に影響を与えました。アラブ諸国が石油発見で急成長し、砂漠都市の近代化が急ピッチで進んでいた時期で、カイロ大学工学部、医学部出身たちは医師や技師として好待遇を受け、大挙して移住していきました。彼らは専門家として新天地で受け入れられ、同時に彼らの思想、とくにムスリム同胞団の活動が各地域に根差していきました。

さらには、産油国のモスクやテレビを通じたイスラム「説教」業界にもエジプト人が参入していきました。バンナやクトゥブも学んだ「ダール・アルウルーム（1871年創設の高等師範学校で、1946年にカイロ大に編入）」学部出身者たちです。

▲ダール・アルウルーム学部

同学部は近代的イスラム学を網羅しています。その卒業生は宗教エリートとして、迎え入れられました。同学部には7つの専攻（①文法と韻律論②言語学及びセム語・オリエント言語研究③文献研究④修辞学・文献批判・比較文献学⑤イスラム法⑥イスラム哲学⑦イスラム史と文明）があり、自ら原典にあたり、批判的な解釈をほどこすことが重視されています。カイロ大学で鍛えられた彼らの言葉には説得力があり、過去の権威に従う伝統的なウラマー（イスラム学者）の説教と違い、湾岸アラブ人の心をとらえていったのです。

イスラム思想家のほかにも、カイロ大で「パレスチナ独立」

を訴えていた「パレスチナ学生連盟」の会長だったアラファト（2章参照）のような政治運動家も、アラブ産油国に渡っています。アラファトはナセルに追放され、クウェートで技師として働きながら、パレスチナの大義を訴え、現地で支持者や武装闘争のパトロンを獲得していきました。

カイロ大出身者はアラブ湾岸諸国だけでなく、マグリブ諸国（西方アラブ圏：アルジェリア、チュニジア、リビア、モーリタニア）やマシュリク諸国（東方アラブ圏：シリア、レバノン、ヨルダン、イラク）にも多大な影響を及ぼします。

長年、フランス領だったアルジェリア（占領期間：1830～1962）は独立後、イスラム主義者を含むエジプト人教職員を大量に採用しました。フランス語だった教育言語をアラビア語化するためです。フランス人からの教育で世俗化し、宗教心を失っていた若いアルジェリア人たちは、斬新なイスラム思想に感銘を受け、貪欲に吸収していきます。

イギリス統治下のエジプト人がそうであったように、新たなアイデンティティを模索していたアルジェリア人にイスラム思想がフィットしたのです。エジプト人の指導にそって、教え子たちはのちにイスラム法に基づくアルジェリア統治を主張するようになり、政治運動も活発に展開していきました。1991年には本家エジプトに先立ち、イスラム主義政党（イスラム救国戦線、FIS）が国民選挙で過半数をとるほど影響力を持つようになります（エジプトでイスラム主義政党が政権をとったのは2012年）。FISはその後、軍部と10年の内戦を繰り広げ敗れます。

現在はザワヒリのアルカイダの影響力が増している状況です。

エジプトの西の隣国リビアも似た状況が起こりました。追放されたムスリム同胞団知識人の拠点として、ベンガジ大学が占拠されました。脅威に感じたカダフィ大佐は活動を禁止、追放しますが、名前を変え、また分派し、独自の組織化が進み、同大学の学生たちに引き継がれていきます。彼らはカダフィ政権末期に表舞台に出てきます。2011年、カダフィ政権打倒に貢献し、2012年の議会選挙では公正建設党を立ち上げ、リビアの第2党となるまで勢力を拡大していきます。

カイロ大学で学んだ留学生たちが祖国に思想を持ち帰ったケースもあります。非産油国のシリアやチュニジア、ソマリアなどです。卒業した学生たちは自国の大学教員となり、ムスリム同胞団の活動を広げていきます。

混迷が続くシリアの場合はどうでしょうか。カイロ大学への留学を終えたシリア人は祖国で同胞団活動をはじめました。その中心はダマスカス大学でした。しかし、それに対してハーフィズ・アサド大統領（バッシャール・アサド現大統領の父）は徹底した弾圧に出ます。迫害を逃れた者たちは、自らのイスラム共同体を持とうとシリア西部の都市ハマー占拠に成功します。しかし、シリア政府軍の焦土作戦によってまもなく壊滅状態（1982年の世にいう「ハマー虐殺」）に追い込まれる中、一部の指導部はロンドンやキプロスへ亡命し、形勢を整えます。2011年初め、彼らは独裁政権に対して改革を求め再起します。そして同年、シリア版「アラブの春」に連なる抗議運動に参画します。その後は、自由シリア軍やヌスラ戦線とともに戦闘に加わっています。「アラブの春」の発祥の地チュニジアには、エジプトからの思想が2つの経路で流入していきました。ひとつ目はカイロ大学、もうひとつがカイロ大の影響を受けたダマスカス大学です。そのふたつの大学に留学していたチュニジア人学生たちは帰国後、合流し、イスラム運動「エッナハダ」(「(イスラムの)復興」の意)を開始しました。アルジェリアと同様、フランス統治による世俗化が進んでいたチュニジアではこの運動によって、自分たち本来の宗教への回帰の情熱が盛り上がり、社会全体に広まりました。「アラブの春」後のチュニジア初の自由選挙では、同運動から派生した政党が政権与党として国家運営を担っています。

パキスタンやアフガニスタンに渡った者もいます。その一人がアイマン・ザワヒリ(2章参照)です。ザワヒリはカイロ大学修士号を取得したのち、サダト暗殺関与の疑いで3年の刑に服します。その後、勤務していたカイロ大出身の同胞団系病院院長からの誘いで、パキスタンでのアフガン難民救援のための医療組織に外科医として参加します。そこでビンラディンという富豪のパトロンと出会い、アフガニスタンでエジプトやアラブ諸国からの義勇兵向けの基地(カイーダ)を形成していきます。それが9・11へとつながります。それから16年がたちましたが、アフガニスタンの戦争はいまだ終結していません。

このようにナセルが禁止したはずのカイロ大学思想闘争は、カイロ大を頂点としたアラブ世界の教育・大学・OBネットワークを通じて拡散されてしまったのです。とくに国民国家を否定し、新たなイスラム共同体を目指す思想勢力がいちじるしく伸びていき、アラブ諸国・周辺国を騒乱の淵に包み込み、いまなお拡散をつづけています。

■エジプト全土へ広がったカイロ大学の思想

同じ現象はエジプト国内でも起きています。

カイロ大学で禁止された思想は、エジプトの地方大学へ移植されていきました。ナセル革命以降、カイロ大学をモデルにした近代大学がエジプト各地につくられていきました。その過程で、設立に参加したカイロ大学出身者らを通じて過激思想の伝播が進みました。1957年建学のアシュート大学（エジプト中部の都市）を皮切りに、スエズ運河大学（1964年）、サウスバレー大学（1970年、当初はアシュート大学分校）、マンスーラ大学（1972年）、タンタ大学（同前）、ザガジグ大学（1974年）、ヘルワン大学（1975年）、ミニア大学（1976年）、ミヌーフィーヤ大学（同前）が設立されています。

エジプト初の地方大学アシュート大学の学生運動は1970年代、本家カイロ大学を差し置いて、過激化していきました。学生会のリーダーが所属していた「タクフィール・ワ・ヒジュラ（贖罪と聖遷）」は宗教大臣ザハビー博士を暗殺します。のちにテロ事件を繰り返した「ジハード団」や「イスラム集団」などの初期メンバーの6、7割がアシュート大学学生だったという調査もあります。イスラム集団が師と仰いだのはカイロ大で修士号、アズハル大学で博士号を取得した、イスラム法学部教授オマル・アブドゥルラフマン師（後の世界貿易センター爆破事件の首謀とされる）でした。

こうしてみるとカイロ大学とそのモデル拡散の歴史は、世俗的な国民国家の建設、リベラルな近代市民の輩出を目指した建学の精神とはまったく逆のベクトルへ進んだわけです。「人間の心というものは、一定方向に強引にしかも露骨に引っ張られるとかえって、逆に一層激しく正反対の方向に駆りたてられる」（ジョン・スチュアート・ミル『大学教育について』岩波文庫）という言説の見本のような現象です。

ところで、本家本元のカイロ大学はどうなったのでしょうか。

1968年、カイロ大学生はようやく反撃に出ます。ナセルのアラブ民族主義・社会主義教育の強制中止を求める、学生デモ運動が巻き起こったのです。これを機に、ナセル配下の学生監視

▲アシュート大学学生のアジトを取り囲んだ治安部隊（1994年）

組織「社会主義青年会」をキャンパスから追い出し、禁止されていたエジプト主義系やイスラム主義系など思想別の学生組織が活動を再開します。

当局は抑え込みにかかりますが、当時、ナセルの権威は弱体化の一途をたどっていました。度重なるイスラエルとの戦争や他のアラブ圏への拡張政策で国家経済は疲弊。また、社会主義教育と政策により、国民の活力も衰弱しきっていた時期です。理想は「アラブ統一」と教育しても、現実はエジプト軍国主義による領土拡大策にすぎません。徴兵制などで、国家総動員体制のコマとなった学生たちにとって、アラブ統一といわれても将来をかけるような夢にはなりえませんでした。

一方、他のアラブ諸国の権力者にとって、ナセルは脅威でした。アラブ統一はアラブ民族主義という名の新たな植民地主義に映っていました。追放されたイスラム主義者を受け入れたのも、自国の教育目的に加え、エジプトでナセルに対抗できる勢力を国内で手なずけておくという政治的な目論見もありました。

1970年、ナセルは急死します。後継者となったサダトは第4次中東戦争後、イスラエルとの和平を進め、経済面では社会主義政策から180度路線変更し、「門戸開放政策」を採用します。サダトは、反イスラエル・アラブ統一で疲弊した軍国主義国家を、エジプト第一主義「エジプト・ファースト」の国への転換を図りました。外交面では親ソから親米へ、思想面ではアラブ民族主義を放棄し、カイロ大学伝統のファラオ主義へ回帰します。加えて、ナセル主義者の残党に対抗するため、イスラム主義へ迎合する姿勢をとります。

■学生運動の解禁

そんな権力の変遷のもと、カイロ大学は1975年、サダトによって20数年ぶりに言論の自由を獲得します。学生会にも公式に政治的発言権が与えられました。翌年にはカイロ大学を含む全国立大学の学生会が組織する「全国学生同盟」の結成が解禁されました。

合法化された途端、ムスリム同胞団系の学生会が選挙で勝利すると共に、カイロ大学学生会リーダーが全国学生同盟のトップに立ちます。

当時を振り返って、ザワヒリがこう記しています。

「政府の（運動への）圧力が少し軽減された途端、イスラム主義運動は（閉じ込められていた）瓶から巨人となって現れでたのだ。大衆の間でのイスラム主義者の広範な影響力がはっきりした。数年でムスリムの若者たちは大学や高校の学生自治会で圧倒的多数派を勝ち取っていった」（『預言者の旗のもとの騎士たち』２００２）

学生同盟は１９７９年、「イスラエルとの国交正常化反対書」をサダト大統領に提出。学生運動勢力に脅威を感じたサダトは同年、学生同盟の解散を命じるとともに、「学生活動規制法」を制定し、学生の政治活動を制限していきます。

その後、1981年のサダト大統領暗殺（2章参照）を経て、後継したホスニ・ムバラク大統領は学生取り締まりをさらに強化していきました。カイロ大学学生会は1984年に早くも、学生活動規制法の緩和要求デモを繰り広げますが、反対に締めつけは厳しくなっていきます。

この頃、学生の服装についても学則強化がはじまりました。男子学生のガラベーヤ（エジプトの民族衣装）着用が禁止され、ニカーブ（顔を覆うヴェール）着用女子学生の講義出席が医学部で認められなくなりました。この処置に抗議デモがおこり、医学部長の決定は覆されましたが、現在までニカーブの是非の論争はカイロ大学の当局と学生間で続いています。

▲ニカーブの女子学生（1994年）

ニカーブ論争は現在、イスラム主義者の移民を受け入れた欧米諸国において、大きな社会問題になっています。各国で公共の場所での着用禁止法が施行されたり、その是非が議論されていますが、その火蓋をきったのもカイロ大学だったのです。

1991年には湾岸戦争を機に学生のデモが頻発します。学生会はパレスチナの大義、反イスラエルを掲げたイラクのフセイン大統領を支持し、エジプト軍の多国籍軍への派遣反対を表明しました。

面子をつぶされたムバラクは治安部隊を投入し、５名の学生が亡くなりました。

デモを鎮圧したのちムバラクは、イスラム諸派連合で多数派を形成するカイロ大学学生会に対抗する組織をたちあげます。与党国民民主党がバックアップする世俗的な学生組織「ホルス」です。ホルスはエジプト神話の太陽神で、カイロ大学のエンブレムになっている神「トト」の兄にあたります。勝利の神でもあり、反政府イスラム学生組織に勝つ象徴的な名称です。古代エジプトを世俗的な統合のシンボルに使うのは、４章で詳しくみたファラオ主義の伝統の上に立っています。

私がカイロ大学に入学した１９９３年の10月下旬も、学生運動が盛り上がりを見せていたときでした。女子学生のニカーブ着用禁止、大学寮の取り締まり、イスラム主義傾向の強い学生の懲戒処置強化といった大学側の措置に対して、反対運動が展開されていました。しかし、デモが過激化すると、装甲車がキャンパス内に入ってきて、首謀者の学生たちは逮捕されました。

▲トト神の兄「ホルス神」

▲カイロ大学のエンブレム「トト神」

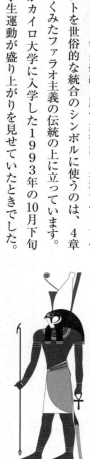

大学は形の上では自治が認められていましたが、実際には警察と軍の監視下にありました。学生運動の拠点となる寮も監視対象でした。当時、寮にはアフガニスタン帰りの学生がたくさんいました。ムジャヒディン（義勇兵）としてアフガニスタンに渡って、帰国した彼らをカイロ大学は英雄として迎え入れていたのです。しかし、イスラム主義の盛り上がりにつれて、アフガニスタン帰りの学生は警戒対象になっていました。デモに彼らがかかわっていたことから、600人もの寮生が寮から追放されました。

1994年にはパレスチナの街ヘブロンで、極右系ユダヤ人が礼拝中のパレスチナ人たちに銃を乱射するという事件（ヘブロン虐殺）に抗議する大規模な反イスラエル・デモがカイロ大学正門前で招集されました。イスラム諸派連合の学生会が呼びかけたものです。このデモは私も参加したのですが、頓挫することになりました。そこにはカイロ大学生の致命的な弱点が露呈していたのですが、詳細については、私の大学生活について記した7章でふれることにします。

■思想闘争を超えた「キファーヤ運動」

ヘブロン虐殺抗議運動から11年後の2005年、同じカイロ大学の正門前であるデモが行われました。今回の目的はカイロ大学学生運動の定番「反イスラエル」「反米」デモではなく、自国エジプトのあり方を問うものでした。スローガンは「(ムバラク大統領は) キファーヤ (アラビア語で「もうたくさん！」の意)。参加者は、世俗派からイスラム主義者、リベラル派から共産主義者までが混じり合っていました。イデオロギーの垣根を越え、カイロ大学生や活動家が集結したのです。

デモの要求は「ムバラク大統領の退陣」です。従来、ナセル以来の軍事独裁政権下では、反政府運動といえば、恐れを知らない武闘派イスラム主義者の専売特許でした。エジプトでは世俗的・民主的デモであっても退陣要求をしようものなら、即刻、逮捕、拷問、監禁が待っています。一般学生にはそんな声をあげる勇気はありませんでした。しかし、このデモはその一線を乗り越えた意味で画期的でした。

「キファーヤ運動」と呼ばれたこの運動の目標は「ムバラク退陣」だけでなく、「ムバラクの長男ガマルへの世襲反対」「国家による恒常的な市民への暴力廃止」「政治的自由と民主的社会制度の要求」で、独裁の世襲制を目論む現体制への具体的な批判と要求を含んだものでした。

これは現代エジプトの政治運動史上、歴史的快挙といえます。世俗主義かイスラム主義かの二者択一の思想闘争ではなく、自らエジプトを改革していこうという民主的な運動の時代が幕を開けたからです。組織にも特徴がありました。個人の指導者を明確にしないことで、さまざまな思想背景を持った人々が参画できるプラットフォームの機能を果たしたのです。加えて、もうひとつの新規性がありました。2000年代半ばの早い段階からインターネットを通じて、活動への参加やデモへの動員を行ったのです。最初はブログやネット掲示板を通じて、その後、ツイッターやフェイスブックを活用しはじめました。

広範な主義主張をまとめたキファーヤ運動の背後には後見人といえる人物がいました。ハムディン・サバヒ（1954〜、1978年マスコミ学部卒）です。サバヒは、カイロ大学時代の1977年、学生会会長としてときのサダト大統領とテレビで公開討論をし、パレスチナ問題などの政策論で大統領を論破したことでその名を全エジプトに馳せました。討論のきっかけは、彼が主導した大規模な反政府学生運動の展開にありました。サバヒは、自身が編集長を務めていたカイロ大学雑誌『アルトゥッラーブ』を活用し、政府の腐敗を学生に周知し、抗議運動まで動員したのです。その動きに危機感を感じたサダト大統領が学生と直接対話する機会として、テレビ討論を設定したというわけです。

▲ハムディン・サバヒ©AP/アフロ

その後、サバヒは、全国の国立大学から学生会会長が競うエジプト学生会選挙でも勝利し、会長を務めました。そのとき、イスラム主義者からアラブ民族主義者、リベラル派から共産主義者に及ぶ多様な思想を持つエジプトの学生会をまとめあげます。その手腕や人脈がキファーヤ運動や他の政治活動に活かされます。

社会政策の面では、サバヒは熱烈なナセル信奉者としても知られています。それは、貧しい農村の11人兄弟の末っ子として生まれながらも、ナセル革命後の農地改革と大学無償化のおかげで大学教育を受け、農村から社会進出できた来歴にもよります。脱ナセル化を推進したサダト時代に、カイロ大学で「ナセル思想クラブ」を結成し、各地の大学に支部までつくったほどの筋金入りのナセル支持者です。卒業後も政府の民主化改革運動の旗手として活動をつづけ、その忌憚のない政府・大統領批判からサダト、ムバラク、ムルシ、シシの4代の大統領時代を通じて、17回の逮捕歴があります。

▲ハムディン・サバヒが通ったマスコミ学部

2011年のエジプト革命ではその起爆地となったタハリール広場でスピーチを繰り返し、集った若者、学生たちの闘争を鼓舞しました。ムバラク退陣後には、カイロ大学などを回り、革命の継続を訴える講演を行っています。2012年のエジプト初の民主的な大統領選挙では組織支援がないなか、得票数で1位の同胞団系ムルシ、2位の旧政権系シャフィクに僅差で次いで、3位につけました。

■秘密警察をキャンパスから追放した「3月9日運動」

キファーヤ運動によるカイロ大学前デモと同じ年の2005年、カイロ大学の教授たちがある抗議集会を開いていました。目的は「政府介入からの大学の自由」の要求です。どんな自由を求めたのでしょうか。

ナセルによるカイロ大学粛清以降、キャンパス内には内務省諜報部から治安部隊、秘密警察までが事務所をかまえていました。彼らは大学の活動の細部まで介入し、その範囲は教職員の人事権の掌握から学生選挙の立候補者選び、カリキュラムの中身の選定から学術会議のゲストスピーカーの許可にまで及んでいました。大学の顔・学長については大統領が選任する仕組みになっていますが、実際は、諜報部の推薦で決まります。必然的に、ときの権力者に都合のいい御用学者か、権力サイドとコネがある人物しか学長になれません。トップがこうでは、教職員は前向きな進言もできません。かといって、裏で大学を支配する実力部隊に表立って逆らえば、教職員、学生問わず解雇か退学、あるいは取り調べも令状もなしの逮捕、監禁、拷問が待っています。そうした絶望的ともいえる状況の中、粛清から50年後、教授陣が勇気をふりしぼり、ようやく自由を求めて立ち上がったのです。

しかし、ただのデモでは鎮圧されれば終わりです。そこで教授陣は政府との法廷闘争に持ち込みます。論点を「キャンパスにおける警察常駐」に絞り、その違法性を問う訴訟を起こしたのです。教授たちは自分たちの運動を「3月9日運動」と名づけました。「3月9日」は、3章で述べたカイロ大学初代学長（国立化後）ルトフィが1932年、政府に抗議して辞任した日に由来しています。政府が大学に介入し、コーランを文献批判したターハ文学部長を解雇したことについて、「学問の自由」の侵害だと抗議したルトフィ学長の行動に敬意を表してのことです。

5年に及ぶ裁判の末、教授陣は全面勝訴しました。裁判所は警察の常駐は違憲であるばかりか、憲法の認める大学の独立に反するとの裁定を出したのです。

そして、この判決の数カ月後に「エジプト革命」が起き、ムバラク大統領を退陣に追い込んだのです。革命直後、警察はキャンパスから去り、大学は活気づきます。誰の許可も忖度もなく、教授陣が講義を開いたり、テキストを選んだり、セミナーやシンポジウムを開催できるようになりました。学生も自分の思想信条に従って、思う存分、学術・表現活動ができるようになりました。

■キャンパスが戦場に

革命の年、カイロ大学伝統の学生会選挙も久しぶりに盛り上がりました。選挙活動期間も十分あり、開票も公開されるなど、透明性の高いものだったからです。以前は反政府的な学生に認知度があがらないよう、選挙日直前に告示したり、たとえ立候補しても書類審査で落とす、それでも通ったら選挙自体を無効にするなど治安当局による工作が行われていました。そんな形骸化した学生会に抗議して、2006年には学生たちが「自由な学生会選挙」運動を組織し、政府や大学当局の許可を得ない自由選挙を開催したこともありました。しかし問題は、大学がその結果を認めなかったため、学生会予算が得られず、実質的な活動ができないまま、学生たちの支持を失っていった経緯もあります。

▲発炎筒を投げるカイロ大学生©ロイター/アフロ

革命後の学生会の選挙結果は2年連続で、国の議会選挙や大統領選挙と同じくムスリム同胞団系の学生たちが圧勝しました。しかし、自由の喜びはつかの間でした。2013年、エジプト軍最高評議会議長のシシがムルシ大統領の身柄を拘束し、クーデター

▲護送されるカイロ大生たち©ロイター/アフロ

を起こします。民主的に選ばれた大統領はいなくなり、ナセル時代のような軍政に逆戻りです。

クーデターに抗議して、即刻、カイロ大学生が立ち上がります。抗議行動の開始です。カイロ大学に呼応して、全国の国立大学で「反クーデター」「ムルシ大統領奪還」運動が広がり、開かれた抗議集会の数は2年弱で2000回近くに及びました。しかし、シシは黙っていません。シシは大統領の座につくと、自分に歯向かう学生や活動家のデモなどの抗議活動自体を違法化し、テロ活動と同列とみなす「反テロ法」改正を強行しました。つまり、抗議する学生はみなテロリストというわけです。さらには、政権与党議員・大統領を輩出し、学生会の最大派閥でもあったムスリム同胞団自体を「テロ組織」と国家認定します。そして、大学教職員組合に同法を支持する決議をさせ、「テロ対策」の現場運用を強制し、大学内に同胞団などイスラム主義学生を取り締まる治安管理委員会を設置させました。

法的な整合性を整えたうえで、シシは治安部隊を送り込みます。カイロ大学教授陣グループ「3月9日運動」が学内警察を追い出してから、わずか2年後のことです。キャンパスを戦場にした闘いのはじまりです。学生鎮圧にはこれまで正門外からの催涙弾やプラスチック弾のお見舞いが常とう手段でしたが、今回は違います。殺傷性の高い鉛弾やランチャーを用い、大学内部には覆面の特殊部隊が送り込まれました。ショック死させることも可能な電気棒やショットガンまでもが使われました。学生も火炎瓶などで応戦しますが、到底、敵う相手ではありません。逮捕された学生数は全国で約２０００人、死亡した学生数は２００人近くに及ぶ大惨事となりました。

■カイロ大学大講堂での大統領演説

治安部隊による学生運動制圧後の２０１４年9月28日、シシ自らが大講堂で演説をするためにカイロ大学に乗り込みます。カイロ大学大講堂での大統領演説には歴史的に特別な意味があります。過去において、歴代大統領のカイロ大演説がエジプトの高等教育の方針を実質的に決定してきたからです。シシ演説はこうはじまりました。「学生には私の側についてほしい。私は学生たちを愛し、我が子のように思っている」。学生からすれば、さんざん学生運動を弾圧しておきながら「愛している」とは笑止千万ですが、シシ本人は学生に復讐されることを恐れていたことの現れです。シシは直前に軍用ヘリコプターでカイロ大入りし、演説前の二日間は休校にして、大学中のセキュリティチェックを済ませるほどの念の入りようでした。

演説の要旨は次の3点でした。①国家の進歩に貢献するよう、勉学に励んでほしい②学生協議会を設置し、学生と官僚とのコミュニケーションを密にする③大学はただの教育機関であり、悪意ある思想を持ち、破壊的な行為をする場ではない。

これはカイロ大学粛清時のナセル演説に酷似しています。①はナセルの「大学とは国家社会の発展を守り、その進路を切り開く前進基地である」宣言と同じです。②③はナセルが自由な学生会の代わりに設置した監視組織「社会主義青年会」の発想です。演説が行われた9月28日はまさにナセルの命日でした。シシは毎年この日に式典を開催すると発表して、演説を締めくくりました。カリスマ指導者であったナセルの後継者としての自分を位置づけるためです。

演説の直後、政府は民間セキュリティ会社「ファルコン」をカイロ大学に送り込みました。内務省諜報部の天下り会社です。2010年の裁判結果を表向きは尊重しつつ、治安組織の権益を守った形での新たな大学介入の開始です。大学の各門には金属探知機が設置され、持ち物検査とボディーチェックもはじまりました。国が任意で教職員を解雇できる新制度も施行されました。さらには抗議運動にいつでも対応できるよう、キャンパスのすぐ外に設置された治安部隊駐屯所に人員も拡充されました。シシ版のカイロ大学粛清のはじまりです。

革命で自由を手にし、高揚していた大学生の士気は急降下します。2015年の学生会選挙の投票率は以前の5割から1割以下に急減。立候補者数も近年、史上最低を記録しました。カイロ大学最大の組織ムスリム同胞団学生部をテロ組織に認定したのですから、当然の結果ともいえます。選挙管理は表向き、内務省課報部から高等教育省（内務省や軍部から同省に出向組が増加）に移管したものの、候補者には親大統領派が大量に送り込まれたといわれています。唯一の救いは、開票作業にあたったのが政府から独立したNGOであった点でした。

ところが、選挙結果は、政府の工作にもかかわらず、定数14のうち「親大統領派」の候補者が獲得したのはわずか2議席。大多数の12議席は「無所属」が獲得しました。その内訳は、ルトフィ学長の伝統を継ぐ「法の支配」を求める立憲主義派や建学者ザグルールの流れを組むリベラル派が主力でした。カイロ大学生の建学精神は健在だったのです。

■イスラム主義系の学生たちの行動

問題はもうひとつの建学者思想を継ぐイスラム主義系の学生たちです。自分の信条を吐露すれば、テロリスト認定を受けてしまいます。彼らにとってカイロ大学には思想表現の自由はもはや存在しません。学外では、母体のムスリム同胞団などの組織も息絶え絶えで、求心力を失っています。幹部は獄中か、エジプト課報機関の追っ手を逃れ世界各地に離散しているからです。

しかし、それは見方によっては学生に新たな可能性を広げたことでもありました。これまで組織指導部の管理下にあった学生たちは解き放たれ、ある意味、自らのイスラム法解釈や若者のアナーキーな発想によって自由に行動できる環境になったからです。その行動は、これまでとは違う暴力的な形態をとることもありました。たとえば、カイロ大学制圧用の治安部隊駐屯所の襲撃事件です。これまでの学生運動は治安部隊のデモ鎮圧に対し、抗戦する一方でしたが、この事件では平時に爆弾を設置するという先制攻撃に出ています。別のグループは「死刑運動」と称し、学内で学生に危害を加えたり、女子学生にセクハラをした秘密警察個人を特定し、学外で殺害するという行動に出ました。魂のある人は殺さないが、魂のない建物や設備はいくら攻撃してもいいという論理を構築した一派もいます。具体的にはデモで逮捕された仲間の学生が拷問を受けている留置所や監獄を攻撃するというものです。警察や看守への警告を発し、仲間たちへの虐待を少しでも減らすのが目的です。

シシの粛清により、学内の学生運動は激減する一方、地下組織化し、学外で活動する過激派学生が増える事態を招きました。取り締まりの厳しいカイロを離れ、シナイ半島やシリア、イラクなどの戦争の前線に向かう学生もいます。政府はその動きに対応して、学生の海外渡航にあたっては国の事前許可を義務づける法律を施行するなど、移動の自由まで奪う締めつけを開始しています。

■親大統領派のエジプト政治アカデミー設立

そんな中、2017年度9月の新学期初日、カイロ大学で新たな式典がはじまりました。国旗掲揚と国家斉唱です。新たなイスラム共同体を求める学生をけん制し、エジプトへの愛国心を鼓舞し、帰属感を高めるための試みです。110年前にはじまった建学者のアイデンティティ闘争のぶり返しです。

さらに2017年10月には、シシ大統領が新しいカイロ大学長を任命しました。文学部教授ムハンマド・オスマン氏です。比較宗教・哲学の専門家でイスラムと西洋哲学の関係を研究してきた氏には、イスラムの近代化に関する論文や著作も多数あります。シシの新たな宗教政策「科学的で進歩的なイスラムの構築」に合致した人選です。シシの方針に呼応して、オスマン氏はインタビューでこういいます。

「イスラム教徒は近代科学の創始者です。仮説は実験で証明されなければならないと最初に主張したのは9世紀のカイロ在住の科学者イブン・アル・ハイサム（筆者注：ファーティマ朝の6代カリフ・ハーキムに仕えた）なのです」（「アルファナール・メデア」2017年10月24日）

しかし、学生たちが望んでいるのはイスラム科学の過去の栄光について、説教を受けることではありません。彼らが問うているのは、大統領の専制主義や学長の権威主義からも自由な大学の完全なる自己統治です。新たな火種が充満するカイロ大学に第3の道があるとすれば、建学時の姿であった自律した私学に戻ることです。それは、ナセル以来、学びの場を国有化し、国家建設という名の道具にしてきた軍事政権からの決別です。

奇しくもシシは同10月、カイロ大学の新学長を任命すると同時に、カイロ大学に代わる新しい大学（仮称「エジプト政治アカデミー」）の設立を発表しました。目的は若い政治エリートの養成といいますが、実質的には親大統領派の学生の養成機関です。エジプトの長期支配を確実にしたいシシの視点からみれば、いつの時代も権力に不従順なカイロ大学生は脅威です。自分に反抗しない従順な学生を確保したいというのが本音でしょう。

これは硬派な思想闘争を繰り返してきた誇り高きカイロ大学にしてみれば、軟派な大統領と縁を切る絶好のチャンス到来ともいえるかもしれません。

第6章

カイロ大学留学のススメ

■とにかく熱意で入学できる!?

ここまで読んできた読者は自問しているころでしょう。

「一体だれがこんな大学に行くのか」

父兄や学校の先生はこう思っていることでしょう。

「かわいい子供、生徒には絶対行かせられない」

しかし、希望にあふれた若者たちはまったく違うことを思い描いているはずです。

「世界にはこんな熱い大学があったのか！　ぜひ行ってみたい」

そんな志の高い読者のために、カイロ大学への入学方法を特別に伝授しましょう。

いちばんシンプルな方法は、1章でも説明したとおり「入れてくれ」と直談判することです。冗談ではありません。著者や小池百合子氏はこの方法でカイロ大学へ入学しました。小池氏は学部長と直接折衝の末、入学。私の場合、高等教育省の担当課（留学生課、アラビア語でワフディーン）との交渉のうえ、合格を勝ち取っています。「日本人は入れない」「前例がないから」とお役所仕事で門前払いを何度も受ける中、粘り腰の交渉と独自の書類選考法を編み出し、合格通知書を受け取ったことは1章冒頭で述べたとおりです。

では、現在の入学制度はどうなっているのでしょうか。今年、20数年ぶりに因縁のエジプト高等教育省を訪問して確認してきました。朗報があります。昔と比べたら、格段に入学しやすくなっていました。2015年から留学生向けにオンライン申請ができるようになったからです。いきなりカイロに乗り込まなくても、日本にいながら、インターネットで手続きを開始できます。願書を郵送する必要もありません。合格通知もメールで受け取れます。

その方法を詳しく取材してきました。本邦初公開です。

まず、基本情報からです。カイロ大学（他のエジプトの国立大学も同様）は、外国人（非エジプト国籍）には入学試験を課していません。入学試験がないうえ、手続きが公開されてなかったので、これまで直談判という無謀な方法しか入学方法がなかったわけですが、今は違います。入学までの手続きや学部学科の詳細が「留学ガイドブック」(http://www.mohe-casm.edu.eg/English/Main_menu/Students_Guide/pdf/English2.pdf) という形でインターネット公開されています。

▲高等教育省留学生課「ワフディン」の入り口

そこからの要約と高等教育省への取材にもとづ

き、解説していきましょう。この手続きさえきちんと踏めば、カイロ大学への門戸は大きく開かれます。

まず、エジプト国立大学へのインターネット出願サイト（https://www.wafeden.gov.eg/）にアクセスします。

エジプトの高等教育省が運営する外国人留学生向け専用サイトです。このページから以下の手続きがすべて行えます。アラビア語と英語の登録ページ画面があります。アラビア語がまだ得意でない人は英語入力でまったく問題ありません。登録は簡単です。氏名とメールアドレスを入力し、国籍を選んで送信ボタンをクリックするだけです。注意点はひとつだけ。氏名はパスポートに記してあるローマ字表記と同じスペルで記入するように。「登録氏名とパスポート氏名が一致しないと願書は拒否されます」（入学ガイド）。登録完了メールと仮パスワードがメールボックスに届けば成功です。

次に必要書類の送付（マイページでアップロード）です。以下の書類を準備ください。

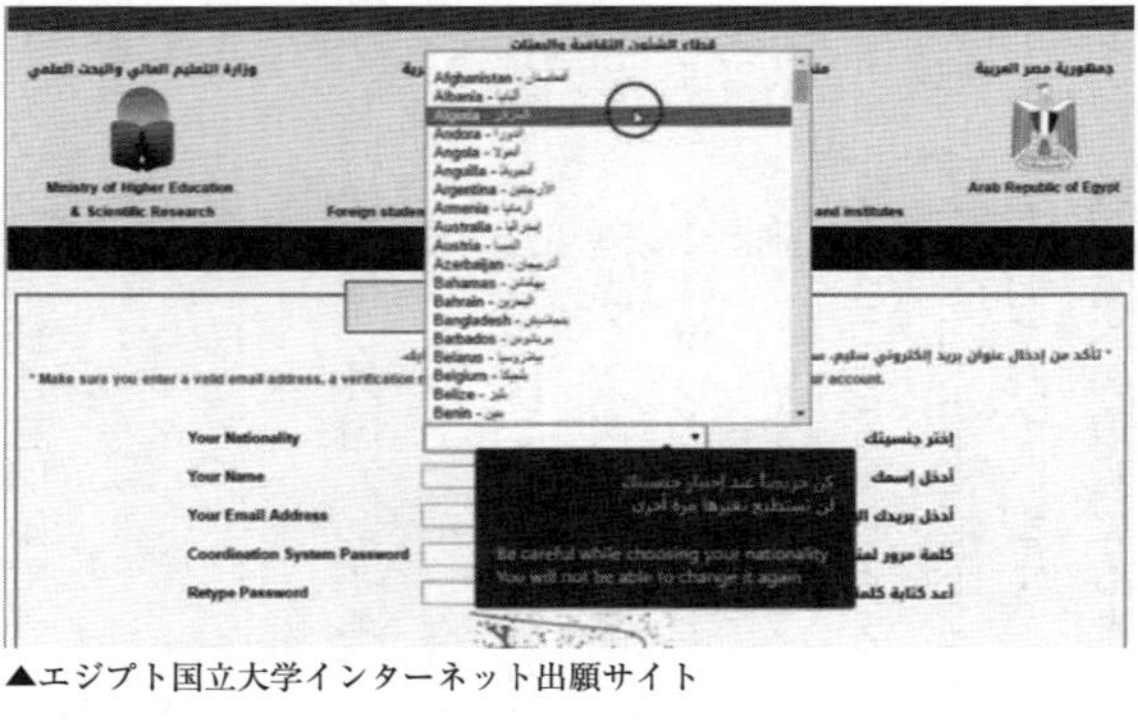

▲エジプト国立大学インターネット出願サイト

1パスポートの写し
2本人画像
3中等教育修了証明書（英語）
4成績証明書（英語）

3については、卒業した高校に頼めば発行してもらえます。ただし、証書が本物であることを証明する必要があるので、文部科学省から英語でレターを発行してもらってください。文科省の認可の高校であることを示す書類です。証書とレターのセットで、偽造証書でない証明になるわけです。高校を出ていなくても、高等学校卒業程度認定試験（昔の大検）をクリアしていればだいじょうぶです。文部科学省が実施する国家試験ですから、その証明書を英語で発行してもらうだけで済みます。

いずれの場合でも、日本において中等教育を修了したことの証明書になります。エジプトは日本の中等教育を自国の中等教育と同等とみなしています。したがって、その証書の提出によって、エジプトの大学入学資格を満たすのです。

そして最後の書類が成績証明書です。これがいちばんの難関です。成績の点数によって、希望する学部に合格するかどうかきまります。日本の大学と同様、同じカイロ大学でも学部によって難易度が異なり、求められる点数が違ってきます。

エジプト人の場合、高校修了共通試験（サナウェイヤアンマ）の点数が証明書になります。参考までに2017年のカイロ大学学部別要求点数を紹介します。

410点満点の試験で、医学部の要求点数は400点とほぼ満点が求められます。医学部に続くのは、歯学部398・5点、薬学部394点、理学療法学部393点と医療系学部が上位を占めています。文系のトップは政治経済学部の390・5点、医療系以外の理系トップは工学部の388点です。

▲留学課課長

アラブ諸国の場合、サナウェイヤアンマと類似した試験制度があります。言語も同じです。したがって、アラブ圏からの志願者は、自国の試験結果をPDF形式にして添付すれば、それがそのまま成績証明書になります。しかし、アラブ諸国以外からの志願者の場合はそうはいきません。日本人の場合、何を提出すればいいのでしょうか。じつはここは明確な書類がきまっていません。

同省の留学生課課長に尋ねたところ、「正直、わからない。日本からの申請実績がまったくといっていいほどないため、正式な書類手続きを定めるきっかけがなかった」との回答。この点は、筆者の時代から変わっていません。一応、在エジプトの日本大使館にも確認しましたが、同じく「わからない」とのことでした。そこで、あらためて課長と面談を申し込み、「私のカイロ大学の本が出たら、日本からのインターネット出願が殺到しますよ。どうしますか」と詰め寄りました。「日本の高校卒業時の成績を証明するものを何かしら、英文で送ってもらえれば私がなんとかしよう」と課長から確約を得ました。彼は修士論文で、「日本の大学教育制度とその近代化への貢献」について書いたという親日家でした。といっても、彼が今のポストにいつまでいるかわかりませんし、属人的な対応を期待しすぎてはろくなことはありません。

いずれにせよ、高校卒業時の成績を示すものとしては、大学入試センター試験のスコアか、通知表、はたまた3学期末の期末テストぐらいしか思いつきません。

筆者は1章で述べたように通知表で乗り切りましたが、日本でいちばん公的な成績を示すといえるのは、大学入試センター試験の結果でしょう。独立行政法人「大学入試センター」に依頼すれば、英文の成績証明を発行してもらえます（問い合わせたところ、過去にさかのぼって「共通一次1回目」の受験者の成績証明から発行可能とのこと）。

以上で、4つの必要書類がそろいました。それらをPDFファイル化します。あとは、冒頭で紹介したサイトからログインして、マイアカウント画面で添付するだけです。以上で願書と必要書類の提出は終わりです。

書類が受理されたあと、最後のステップに進みましょう。大学名と学部の選択、いわゆる願書です。これも、同じサイトから提出できます。選べるのはカイロ大学だけではありません。エジプトの国立大学の中から、第10志望まで出願できます。

学部選びにあたり、カイロ大学の学部一覧を記しておきます。

【理系学部】

医学部／ベニスエフ[1]分校・ファイユーム[2]分校

歯学部

薬学部／ベニスエフ分校

理学療法学部

工学部／ファイユーム分校

都市計画学部

獣医学部／ベニスエフ分校

理学部／ベニスエフ分校

農学部／ファイユーム分校

看護学部
コンピューター情報システム学部
看護専門学院（カスルアルアイニ・キャンパス[3]内／ファイユーム分校／ベニスエフ分校）

【文系学部】

政治経済学部
商学部／ベニスエフ分校
考古学部／ファイユーム分校
マスコミュニケーション学部
文学部／ベニスエフ分校
ダール・アルウルーム学部／ファイユーム分校
教育学部ファイユーム校／ベニスエフ校
法学部／ベニスエフ分校
ソーシャルサービス学部ファユーム校
観光ホテル学部ファユーム校
幼児教育学部ドッキ[4]校

専門教育学部ドッキ校（芸術教育・音楽教育）・ファイユーム校（芸術教育）

※右記の分校とは、カイロ大学のメインキャンパスにある学部（本校）に加え、地方に設置された当該学部のことを指す
1　ベニスエフ：カイロから南に120キロメートル離れたナイル川沿いの県
2　ファイユーム：カイロから南西約130キロメートルに位置する県
3　カスルアルアイニキャンパス：大学の北東約3キロメートルに位置する医学部のキャンパス。大学付属病院、看護専門学院、国立がんセンター等の関連施設も集積している。
4　ドッキ：カイロ大学本校の北側に広がる地区
以上の学部の他、カイロ大学には大学院・研究者レベルの研究所として、国立がんセンター、国立レーザー科学院、教育科学研究所、アフリカ研究所などがある。

この出願の仕組みはエジプトの受験生と同じです。エジプトは日本の大学と違い、大学別の試験（国立の場合。私立は個別試験）はありません。高校修了共通試験、一発勝負です。試験後、志望する複数の大学、学部に願書を出します。あとは先に示したとおり、点数によって合格が決まります。

問題はその点数です。日本のセンター試験のスコアがエジプトの共通試験の点数にどう換算されるか、決まっていないからです。アラブ諸国と同様、日本の文科省とエジプトの高等教育省間で公的な協定が結ばれていればことは簡単ですが、今のところ存在しません。存在しないことを

悩んでも仕方ありませんから、インターネット出願をとにかく済ませるだけです。

あとは、結果を楽しみに待ちましょう。

ちなみに、オンライン願書の受付期間は毎年、5月1日からまでに8月15日まで（2017年の場合）。発表は9月上旬です。連絡がこなければ、問い合わせメールがウェブサイト内にありますから、問い合わせてみてください。新学期の開始は年によって多少違いますが、9月中旬から下旬にかけてなので、結果発表から入学までほとんどありません。

晴れて合格通知がメールで送られてきたら、すぐにカイロに飛んで最終手続きに入りましょう。ただ、通知書をいきなりカイロ大学に持っていっても、受け付けてくれません。その前に、高等教育省の留学生課（ワフディーン）に出向いて、通知書を提出してください。その際、在エジプト日本大使館から「サポートレター」を発行してもらうよう告げられます。「あなたが怪しくない日本人」であること示す目的のレターです。それならパスポートで済みそうなものですが、世界は偽造パスポートが蔓延しています。そこで念を期すために、二重証明を求められるわけです。日本大使館に出向き、パスポートを提出して、「ワフディーンから書類を求められた」といえば、なんなく発行してくれます。

あとはその書類を留学生課にもっていけば手続き完了です。といっても、お役所仕事に振り回されることは覚悟しておいてください。担当者がいきなり長期休暇に入ったり、いたとしても理由なく「明日また来い」といわれたり、はたまた、なぜか突然、別の係に回されたりと、試練が続くはずです。エジプトには申し送り事項や引継ぎといった概念はありません。提出したはずの書類が紛失することもあるでしょう。そのときは相手を責めてもムダです。絶対、非を認めてくれません。いさぎよく再提出しましょう。

そうした心の準備のために、留学生課の事務所内の写真を掲載しておきます。今回の取材で撮影してきました。見事なまでの書類の山です。ファイリングも無茶苦茶です。もっとすごいのは、ベランダに無造作に置いてある書類の束。風が吹いたら飛んでいきます。私が通っていた20数年前とまったく同じ光景です。

▲ファイリング

書類手続きと並行して、学費の振込をしましょう。エジプト人は文系学部の場合、約1000エジプト・ポンド（約6500円）、理系で1500エジプト・ポンド（約1万円）ほどですが、外国人の学生はそうはいきません。学費は外貨の米ドル払いで1000ドルと現地人の10倍以上です。それでも、日本の国立大学の5分の1程度で格安といえるでしょう。私の留学時の学費はもっと高く、2000イギリス・ポンドでした。受けた教育の質と釣り合っていませんでしたが、お金では計れない稀有な経験をさせてもらいました。

一方、エジプトより経済的に恵まれないアフリカ・アジア諸国の学生向けの奨学金制度は充実しています。学費免除プラス生活費などの補助まで出るカイロ大学の制度です。

近年では南スーダンからの奨学生が急増しています。南スーダンはスーダンから2011年に独立した世界でも新しい国のひとつ。十分な教育環境がまだないため、カイロ大学がその若人の育成を担っているのです。かつてエジプト領(イギリスとの共同統治)だった経緯もあり、「南スーダンの閣僚の7、8割がカイロ大学出身」(留学生課課長談)という歴史的な強い結びつきもあります。

最近では、内戦が続くシリアからの奨学生も増えています。戦火を逃れ、親類や知人を頼ってカイロに逃げてきた学生たちです。ユーゴスラビア内戦が続いた1990年代は、ボスニアからの奨学生を受け入れていました。祖国を追われたパレスチナ人向けには長年、学費免除や奨学金制度があります。

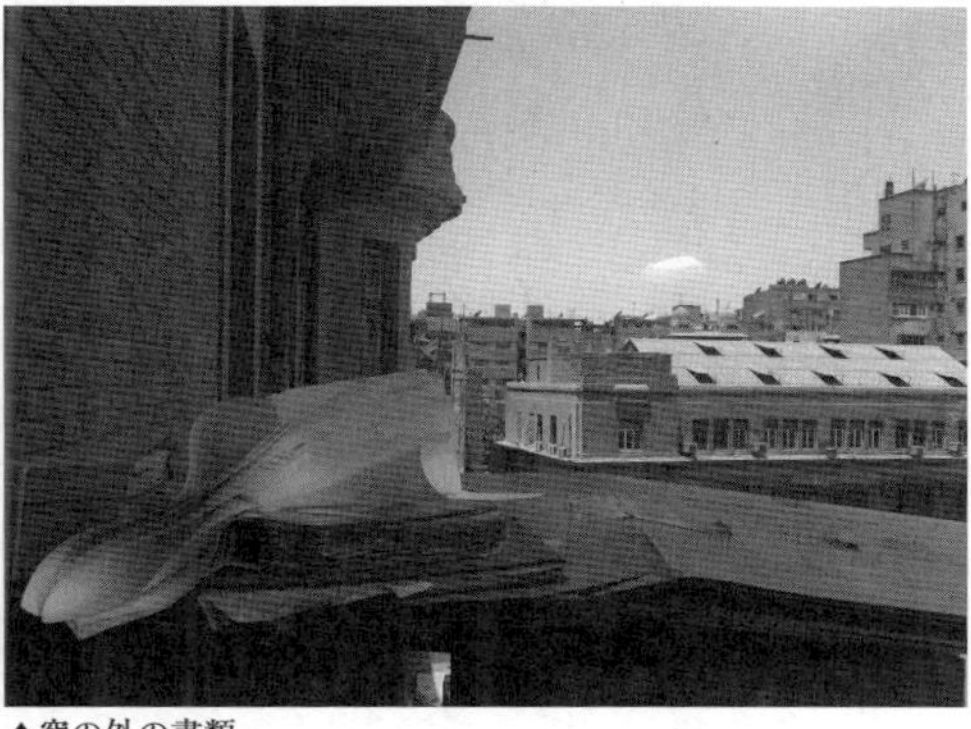

▲窓の外の書類

カイロ大学の学生組織による難民学生の自立支援プロジェクトもあります。難民学生が個々に持つスキルを把握し、経済的な自立につなげる活動をしています。料理が得意なシリア人学生がいれば、フードのデリバリーサービスのウェブサイトを立ち上げ、学生のフェイスブックのつながりを利用して集客するなど実践的なものです。

さらに時代をさかのぼれば、戦争を逃れた遠いアジアからの学生たちもカイロ大学が受け入れていました。50年代の朝鮮戦争や60年代のベトナム戦争時のことです。現在もアフガニスタンやバングラデシュなどアジア諸国から多数の学生を受け入れ、学費免除や奨学金支給など優遇しています。

かつては発展途上だった日本からの留学生も奨学金の対象でした。小池氏もその一人で、こう語っています。

「留学中、私はエジプト政府から毎月12エジプト・ポンド（約3600円）の奨学金を受けていた。大学出の初任給が23エジプト・ポンドのころだから、〝働かざるもの〟としてはもらいすぎといってもよい。しかも、国の経済といえば慢性的赤字につぐ赤字で、自国民を満足に食べさせていけない状況なのだ。それを承知で、私のようなよそ者に毎月現金を支給してくれる。そんな太っ腹なところが、エジプト、そしてエジプト人にはある」（『振り袖、ピラミッドを登る』1982年）

話がそれましたが、いよいよ手続きの最終段階です。学費の振込証書と志望する学部学科名が

▲貼り出されたカリキュラム

明記された確認書等を高等教育省から受け取れば、留学生課ともおさらばです。いよいよ夢のカイロ大学へ出陣です。

一連の書類を志望学部の学生課に持参します。4章でみたとおり、〝国有化〟大学ですから、カイロ大学職員は管轄省の指示に従ってくれます。〝お上〟の書類は絶対です。学生証を入学日に間に合うよう発行してくるでしょう。

最後に忘れてはならないのは専攻する学科の選択です。問題はオンライン上の願書では学部までの選択しかできない点です。エジプトの大学では1年生から専門課程に入るため、入学前に学科を選ばないといけません。同じ学部でも多数の学科があり、文学部だけで30以上の学科があります（各学部の学科詳細はカイロ大学ホームページ参照のこと）。

ではどうするか。先手必勝です。希望する学科が決まったら、日本にいる段階で学科長にメールで連絡をとり、志望動機と熱意を伝えるといいでしょう。現地に着いたら、学科長に挨拶にいき、人間関係を築いておく。同時に先述の留学生課での手続きをすすめて、書類がそろったらあらためて学科長を訪問し、推薦状を書いてもらう。そこまできたら、もう心配いりません。それを学部の事務局に持っていき、学科の受け入れがきまります（学科長へのコンタクトは、現地に着いてからでも間に合いますが、定員がオーバーしていれば希望学科に入れないこともあるので要注意です）。

あとは学科の廊下に貼り出されたカリキュラムを確認し、最初の講義に出席すれば、晴れてカイロ大生の仲間入りです。

■日本の大学経由での留学方法

高い志はあっても、高校卒業後いきなりカイロ大学に行くまで勇気はない人もいることでしょう。そんな人のために、もう少し平坦な道を示します。まずは日本の大学に入って、アラビア語学科で学び、カイロ大学に短期留学するルートです。アラビア語の授業が受けられる大学は東京大学や東京外国語大学、大阪外国語大学、創価大学、四天王寺大学、大東文化大学などがあります。

アラビア語以外の専攻でも、カイロ大学と提携している日本の大学からならば、協定内容によっては、カイロ大学へ短期留学でき、英語や一部フランス語で講義を受けることが可能です。カイロ大学と大学間交流協定を結んでいる日本の大学は次のとおりです。

◆国公立大学
北海道教育大学／筑波大学／千葉大学／東京大学／東京外国語大学／お茶の水女子大学／横浜国立大学／新潟大学／富山大学／名古屋大学／京都大学／神戸大学／岡山大学／山口大学／九州大学／国際教養大学

◆私立大学
桜美林大学／昭和大学／創価大学／拓殖大学／早稲田大学／同志社大学／関西大学／沖縄国際大学

出典：海外の大学との大学間交流協定に関する調査結果（平成26年度文部科学省および九州大学ホームページ）

学部レベルではありませんが、2つのセンター（通信講座で学位がとれる公開教育センターと外国人向け語学教育機関・カイロ大学言語アラブ文化センター）があります。学位を目指さず、アラビア語学習が目的なら、カイロ大学言語アラブ文化センターで自分のレベルにあった講座を選ぶといいでしょう。学部、大学院入学を目指すなら、高等教育省が運営する非アラブ人留学生向けの「アラビア語学習センター」(http://www.mohe-casm.edu.eg/English/Arabic_center/arabic_center_home.jsp)に登録するのがおすすめです。最大600時間に及ぶ集中講座を受けることができます。大学への正規入学前でも、同センターに登録すれば学生ビザの取得が可能です。

■カイロ大留学のメリット

大学時代をカイロで過ごすことで得られる最高の刺激については、序章と1章、そして私の体験談の7章で述べました。それでは「親を説得できない」人のために、わかりやすい2つのメリットを掲げておきます。

1)アラブ・アフリカ・アジアの人材ネットワークが築ける。
2)カイロ大学でしか学べない学問がある。

これらのメリットを織り交ぜながら、解説します。あわせて、世界中からやってくる留学生がカイロ大学で何を学んでいるのか。また、主要学部・学科の特徴や有名な出身者についても取り上げていきます。これを読めば、カイロ大学で学ぶ具体的なイメージが沸いてくるはずです。

大学時代に築く人間関係は一生モノです。カイロ大学で出会える人材ネットワークは広く、日本の一般大学の比ではありません。本書で示した多様なアイデンティティを持つエジプト人に加え、アラブ22カ国、アフリカ54カ国のほとんどの国、そしてアジアのイスラム諸国からの留学生がいます。その数は1万人にもおよびます。アラブ・アフリカ・イスラム諸国圏最初の近代大学として、カイロ大学は長年、100カ国以上の留学生を受け入れ、母国に優秀な人材を送り返してきた歴史があります。そして、カイロ大学出身者を核とした人材ネットワークが各国同士の学術交流や経済発展を紡いできたのです。

カイロ大学にくれば、あなたもその世界をつなぐネットワークの一人になれるのです。では、留学生は何を学びにカイロまでやってくるのでしょうか。

■農業先進国としての農学部

アフリカ諸国からの学生が専攻している学部の筆頭は農学部です。あまり知られていませんが、エジプトは農業先進国です。たとえば、コメの収量は日本を大きく上回る、世界3位(日本は17位)。

世界有数のジャポニカ米輸出国としての地位も占めています。歴史を紐解けば、エジプトへの稲作導入は古代ローマ時代。アレキサンダー大王がアジアから故郷に持ち帰り、その後エジプトに伝播したという長い歴史を誇っている稲作大国です。そして、コメづくり成功の秘密はカイロ大学が培ってきた乾燥地帯に適した水効率の高い品種研究・開発の蓄積にあります。

そんな農学部の看板学科のひとつに水資源学科があります。乾燥地帯で降水量は年間わずか30ミリ。そのためエジプトでは水資源のほとんどはナイル川にたよっており、農業水、工業水、飲料水まで賄わなければなりません。その中で人口増加をはたしたエジプトは、希少な水資源の利用に関する世界的な研究が進んでいることで知られています。類似した環境にあるアフリカ諸国の学生にとって、貴重な学びの場となっています。

▲農学部校舎

■アフリカ研究とエジプト考古学・イスラム建築学

カイロ大学は、アフリカ研究のメッカでもあります。エジプトはアラブの盟主といわれていましたが、アフリカにおいてもそのプレゼンスは絶大です。「21世紀はアフリカの世紀」といわれますが、カイロ大学にアフリカ研究所（当初は文学部アフリカ研究学科）が開設されたのは1947年と70年前のことです。研究所で専攻できる学科はアフリカ専門の地理学から歴史学、政治経済学、人類学、言語学、天然資源学まで広範にカバーされています。

このように日本では本格的に学べないような学科があることが、カイロ大学のメリットのひとつです。

その代表といえばやはり考古学部のエジプト学学科です。エジプト考古学を学ぶことは外国でもできますが、本物の遺跡が間近にあるという理想的な環境の中で、考古学を学べる贅沢はカイロ大学ならではです。

ギザの3大ピラミッドはカイロ大のメインキャンパスから約10キロメートルと、とても近くにあります。有名なツタンカーメンのマスクがなどが収められているエジプト考古学博物館はカイロの中心にあり、留学生が多く住む中心街から徒歩圏内です（将来的にピラミッド・エリア近郊に建設中の「大エジプト博物館」へ移設予定）。

また、イスラム世界の建築を学ぶのにもカイロ大学は理想的です。カイロの旧市街には7世紀から現在にいたるまでイスラム世界を代表するモスクがたくさんあります。その建築美や構造の研究にくわえて、文化財の修復活動にもカイロ大学は積極的に関与しています。そうした建築学に興味のある方は、考古学部の中でイスラム建築学科か修復学科を専攻するといいでしょう。

考古学部は全学科でアラビア語セクションと英語セクションに分かれています。英語セクションに入れば、入学時にアラビア語ができなくても、4年間英語の講義で学位を取ることも可能です。

■アラブ文学の最高峰！　文学部アラビア語・文学科

エジプト学と並んで、カイロ大を目指す留学生にとって憧れの学科といえば、文学部アラビア語・文学科でしょう。日本文学を学ぶ外国人が東大や京大の国文科を目指すように、アラブ文学を学ぶ最高峰といえばカイロ大なのです。

日本文学では時代別に飛鳥・奈良の上代文学から平安の中古、中世、近世、近現代文学と分けられるように、アラブ文学にも長い歴史と時代区分があります。学部1年目はイスラム前（西暦622年前）のジャーヒリーヤ時代の文学を学び、2年目にウマイヤ朝時代、3年目がアッバース朝時代、4年目に近現代文学までと4年間で1000年以上の文学をカバーしながら、読解していきます。

ちなみに、アラビア語学科長はアラブ文学界の権威とみなされる重職です。歴代の学科長では4章で取り上げたターハ・フセインの他、アラビアンナイト研究の第一人者ソヘール・カラマーウィ女史（学科長歴任期間1958〜1967）が有名です。カラマーウィは同学科に入った最初の女子学生であり、カイロ大学から博士号を授与された最初の女性でもあります。その学績と栄誉を称え、現在もカラマーウィの肖像は文学部の校舎内に掲げられています。

▲カラマーウィ女史の肖像

文学部は1908年の建学とともに創設されたいちばん古い学部です。教育目標として、文学部は「複雑で矛盾に満ちた世界における創造的な市民の輩出」を掲げています。

文学部にはアラビア語学科と並び、建学当初から開設された伝統ある学科は筆者が所属していたオリエント言語学科（専攻はセム語、ヘブライ語、ペルシャ語、トルコ語）の他、ギリシア・ラテン語学科、歴史学科、地理学科、哲学科があります。その後、小池百合子氏が出た社会学科、心理学科、演劇学科などが加わっていきました。外国語学科では、英仏独語などのヨーロッパ言語にくわえ、日本語学科もあります。

■日本語学科

日本語学科の創設は１９７４年です。日本経済は前年の１９７３年、「石油ショック」でパニックに陥っていました。ときの首相田中角栄はアラブ諸国での「知日派」早期養成の必要性を痛感し、特使をカイロ大学に派遣します。日本語学科は、その目的を果たすため日本政府からの補助金が支給され、設立されたという政治的な経緯があります。アラブ世界で初めて日本語教育を受けた卒業生たちは、アラビア語による日本語教材作成に努めました。また、知日派を広めるべく、他のエジプトの大学やアラブ諸国の大学に派遣され、各地で日本語専攻コースの新規設置の責務を果たすなど目論見通りの活躍をしています。

▲「日本研究所」創設記念シンポジウム

２０１７年7月、文学部を訪れたところ、日本政府の支援は継続しており、新たに『日本研究所』が創設されたばかりでした。その記念シンポジウムでアーデル・アミン日本語学科長は「学科創設から40年以上が経ち、日本語の普及という使命を成功裏に果たしてきた。つぎの段階として、アラブ圏において初となる本格的な日本研究の場をつくっていく」と意気込みを語っていました。

■急増する中国籍のカイロ大生

文学部のアジア系の語学科では日本語学科の他にウルドゥー語や中国語学科もあります。中国語学科の設立は2004年と日本語学科に30年遅れをとりましたが、中国語の普及スピードは日本語を大きく上回っています。中国文化の普及国家機関「孔子学院」がカイロ大学を皮切りにエジプト7大学と一部の高校にも開設され、受講者は現在約2000人いるといわれています。

他方、中国人のアラビア語学習熱も本格的です。「カイロ大学文系学部のアジア系留学生で圧倒的に多いのが中国人。語学研修ではなく、正規に入学して学んでいる」（高等教育省留学生課）。背後には、中国の国家戦略上の思惑もあります。中国の経済・外交圏構想「一帯一路」の一環として、エジプトは「アフリカ、欧州への支点」として位置づけられています。中国とエジプト政府とは「新スエズ運河建設」について、サウジアラビア政府とは「海のシルクロード」において全面協力体制をうたっています。そんな中、中国はカイロ大学を「現地に根差した高度なアラブ専門家の養成機関」（中国人留学生）として位置づけ、選抜した学生を数百人単位で送り込んでいるというわけです。

対する日本人正規学生はといえば、一人しか確認できませんでした（2017年7月取材時）。エジプトに仕事で駐在し、退職後、大学院ディプロマ過程（ディプロマとは学士と修士の間の学位）でエジプト考古学を学ぶ社会人の方です。あとは修士課程へ申請中の学生が一人いました。「学部レベルの正規学生はゼロ」（高等教育省留学生課アジア担当）というのが現状です。今後、エジプト通、アラブ通の日中格差は大きく広がりそうです。

■湾岸アラブ諸国からの留学生

中国人が増えているとはいえ、カイロ大学への留学生で多いのはやはり、言語が同じアラブ諸国からの学生です。全留学生の約半数を占めます。なかでも多いのが「サウジアラビアを筆頭に湾岸アラブ諸国からの学生」（同留学生課）。自国の著名な政治家や学者、作家がカイロ大学で学んできた経緯から、憧れを持ってやってくるのです。

湾岸アラブ諸国の学生にとって、「カイロ大学留学へのバイブル」と呼ぶべき本があります。サウジアラビアの作家ガジ・アルゴサイビ（1961年法学部卒）著のベストセラー小説『自由という名のアパート』（1994年）です。バハレーン出身の4人の若者が故郷をあとにし、混沌とした大都会カイロのアパートで共同生活をはじめます。エジプト人の教授に感化され、各自、新たな思想を受け入れ、激論を繰り返しながら、別々の人生の道へすすんでいくという青春物語です。著者が自由を謳歌した1960年代のカイロ大学を舞台にしています。激しい思想闘争の存在したカイロを合わせ鏡にして、政治的・宗教的自由のないサウジアラビアの批判の書にもなっています。サウジ政府が発行差し止めをしたいわくつきの本ですが、今日まで湾岸アラブ諸国の若者の間で読み継がれている名著です。

▲学生寮内にあるアラブ学生会館

サウジアラビアからの留学組の代表格といえば、1951年法学部卒の元石油相アハメド・ザキ・ヤマニでしょう。1973年の「石油ショック」を巻き起こした張本人として有名です。ヤマニは資源価格を高騰させ、世界経済を大混乱に陥れる戦略シナリオを緻密に描きました。その目的とは、親イスラエル諸国への石油禁輸を宣言し、アメリカに圧力をかけ、アラブ諸国とイスラエルとの第4次中東戦争を有利に展開することでした。日本経済にも大きな打撃を与えました。先に紹介したカイロ大日本語学科の設立契機となった石油ショックの仕掛け人も、じつはカイロ大学出身者だったのです。

ヤマニの石油戦略は、世界政治・経済シーンにおけるアラブ産油国の地位を大きく引き上げただけではありません。この戦略によって、アラブの盟主の地位は、アラブ民族主義を主導してきたエジプトから資源ナショナリズムで勃興したサウジアラビアに移行しました。皮肉にも、ヤマニは留学した第二の故郷エジプトの地位を失墜させたのです。

ヤマニはカイロ大で学び、サウジアラビアの名を世界に轟かした英雄です。現在は世界エネルギー研究センターの代表として、自ら大混乱をもたらしたエネルギー問題の予測・研究に従事しています。

■伝統の法学部

アルゴサイビやヤマニを輩出した法学部は文学部に次いで伝統のある学部です。じつはその起源はカイロ大学より古く、エジプト王政時代の１８６８年に設立された法律大学校にさかのぼります。エジプトの近代化にあたり、イスラム法とローマ法の整合性を模索しながら、諸法の整備・司法改革に多大な貢献をした学校でした。１９２５年の公立化に際し、カイロ大学に編入された経緯があります。

カイロ大学の建学者のサード・ザグルールやムスタファ・カーミル、カーシム・アミンの3人もこの法律大学校出身です。

歴代のエジプト人法学部出身者の中で代表格といえるのは、１９４６年法学部卒のブトロス・

ブトロス・ガリ国連事務総長（1922〜2016）でしょう。卒業後、パリ大で博士号を取得し、カイロ大学で国際法の教授やシンクタンク所長を歴任します。そんな中、ときの大統領サダトから〝究極の法律問題〟を与えられます。「敵国イスラエルとの和平条約を結べ」という難題です。ガリは学界から突如、外交担当国務相に抜擢され、イスラエルのメギド外相と交渉にあたります。その成果として、1978年のイスラエル和平の「キャンプ・デービッド合意」文書の締結までこぎつけました。そうした実績をひっさげ、92年からは国連事務総長に就任します。平和維持活動（PKO）の強化に努めながら、任期中、ソマリア内戦、ユーゴスラビアのボスニア・ヘルツェゴビナ民族紛争、ルワンダの大虐殺など、たび重なる困難な問題に対応しました。日本の安保理常任理事国入りについて、賛成の立場を示していたことでも知られています。日本政府からは勲一等旭日大綬章を、早稲田大学から名誉博士号を授与されています。

他に法学部出身の著名人を挙げるとすれば、非核化に尽力したとしてノーベル平和賞を受賞したムハンマド・アルバラディ（1961年卒）や元IMF（国際通貨基金）理事のアハマド・ザキ・サード（サウジアラビア出身）、2章で詳述したサダム・フセインがいます。

■日本人も多く学んだ政治経済学部

混迷をきわめるエジプトや中東の政治経済を本格的に学びたいのなら、政治経済学部がお勧めです。文系の中で入学の難易度が最も高い学部です。エジプトの高級官僚や政治家を多数輩出しています。政治学科と経済学科の他、行政学、統計学などの専攻もあります。政経学部は、アラビア語、英語セクションに加え、フランス語セクションのある唯一の学部です。パリ第一大学と学術協定を結んでおり、フランスからの中東専門家を教授陣に受け入れています。

同学部卒の有名な留学生といえば、2章で取り上げたPLO議長アラファト（工学部卒）とともに、パレスチナ学生連盟、そしてゲリラ組織ファタハを創設したファルーク・カドウミ（1931〜）です。アラファトの右腕として生死をともにし、亡きあともPLO主流派の中心人物として存命です。

じつは、ここで学んだ日本人は複数います。

NHKのアラビア語講座講師としておなじみのエッセイスト・師岡カリーマ・エルサムニー氏は政治経済学部卒です。エジプト人のアラビア語教育者アリー・ハサン・エル＝サムニーを父に、日本人女性を母に東京で生まれたカリーマ氏は、カイロ大学の難関政経学部卒業後、ロンドン大学で音楽学士を取得しています。

同学部大学院の講義をアラビア語で受けた日本人もいます。外務省の菊地信之氏です。その内容について菊地氏は、「私が学んだ日本や米国の大学と比べても、学問レベルは遜色がなかった。現実の政治情勢について自由な議論には若干の制約があるのか、その一方で、政治理論系の研究が盛んであった。当時の〝スター教授〟ムスファタ・カーミル・サイイドの講義は面白かった。とくにフーコー理論を中心とした権力概念を通じて、アラブ世界の知識人が近現代でいかに悩みつつ政治と向かい合ってきたかを学んだ」といいます。

サイイド教授といえば、政経学部を首席で卒業したアラブを代表する政治理論学者です。彼は歴史制度主義の方法論をもちい、エジプトや中東問題を鋭く分析する著作や論文を多数、世に問うています。直近では書籍『ポスト・エジプト革命時代における制度間闘争』(2017年、未邦訳)や論文『中東における非伝統的な安全保障の脅威としての水不足』(同前)を発表しています。

同学部のディプロマ課程を修了した日本人もいます。外務省出身の現奈良県天理市長・並河健氏で、国際交渉分野を専攻しました。

政治経済学部やさきほど紹介した考古学部以外にもアラビア語と英語、双方で学位が取れる学部があります。マスコミ学部、商学部、工学部、理学部、薬学部、医学部などです。

■名門！　カイロ大医学部

カイロ大医学部といえば、農学部と並び、世界の各種大学ランキングに名を連ねる名門です。学部の起源は、1827年に開設したかつてエジプト王室ご用達だった医学校と付属病院にさかのぼります。

著名な出身者では、1957年卒のロンドン王立研究所元教授マグディ・ヤコブ氏（1935〜）がいます。心臓移植手術の第一人者として知られ、英国でもっとも名誉のあるメリット勲章を受章した名医です。

エジプトのみならず、アラブ・アフリカ世界に多くの医者を輩出し、現在でも20カ国、2500人の留学生が在籍しています。

アラブ世界からの留学生の中でも、卒業後の活躍が目覚ましいのは〝国なき民〟パレスチナ人です。優秀な成績で高校を卒業したパレスチナ人が奨学金をえて、カイロ大医学部で学び、祖国の医療の発展に尽くしています。

その代表といえるのがPLO議長ヤセル・アラファトの実弟にあたるファトヒ・アラファト（1957年卒、1933〜2004）です。卒業後、カイロで小児科医として開業しながら、パレスチナの難民キャンプでの医療活動に取り組みます。祖国に恒常的な医療体制をつくる必要性を感じ、1967年、パレスチナ赤新月社（イスラム圏の赤十字社）を創設。生涯を通じてパレスチナに76の病院を開設し、自治政府樹立後はパレスチナ保健省の設立に尽力しました。「パレスチナの医療の父」として尊敬を集めた人物です。

パレスチナのイスラム抵抗運動組織「ハマス」共同創始者マハムード・アルザハル（1971年卒）もカイロ大学医学部出身です。卒業後、修士号（カイロのアインシャムス大学）を取得したのち、故郷で外科医として開業します。社会活動ではパレスチナ医学会の創設やガザ地区のイスラム大学医学部創設にも寄与します。また、ムスリム同胞団の慈善活動にも熱心に取り組んでいました。そんな中、同窓の先輩アラファトが突如イスラエルへの武装闘争を放棄したことに失望し、祖国奪還のための闘争継続を打ち出して設立したのがハマスです。ハマスは国際社会から次々、テロ組織の指定を受ける中、「我々は遊び半分でテロや暴力をやっているのではない。我々は占領下の民なのだ」という名言を残しています。現在も医師を続けながら、ハマス高官として反イスラエル闘争を指揮すると同時に、PLOとパレスチナ統治の主導権を争っています。

もう一人パレスチナ人の医学部出身の闘士として忘れてはならないのは「パレスチナ解放民主戦線（DFLP）」最高指導者ナイフ・ハワトメ（1938～）です。医学部在籍中にイスラエル・英・仏とエジプトが戦ったスエズ戦争（第二次中東戦争）が勃発します。ハワトメはアラブ解放

▲カイロ大学図書館

軍の一員として従軍。帰国後、医学の道を断念し、革命の道を選びます。その実現のため、ハワトメ率いるＤＦＬＰは軍事部門「民族抵抗旅団」を設立し、現在もイスラエルの軍事施設を攻撃対象として活動しています。ハワトメは学生時代、カイロ大学医学部を席捲していたマルクス・レーニン主義を現在まで奉じる「アラブ左翼」の論客としても有名です。革命の理論家・実践家として、30冊以上の著作を発表しています。

　イスラエルとの和解を模索する医学部出身のパレスチナ人もいます。１９５５年、ガザ地区難民キャンプ生まれのイゼルディン・アブエライシュです。極貧と児童労働の境遇にもめげず勉学に励み、エジプト政府の奨学金を得て、医学部に合格します。「カイロに到着することは、夢のような心躍る出来事だった。（中略）絶対にトップの成績を取るとの決意に燃えつつ大学生活をスタートした」と自伝で振り返っています。その言葉どおり見事、優秀な成績で卒業した彼は、不妊治療の専門家として経験を積み、パレスチナ人、イスラエル人双方のカップルへの治療を開始します。そんな最中の２００９年、イスラエル軍のガザ地区への攻撃で娘3人を失い、無残な遺体を自ら発見するという過酷な体験をします。それでも彼はイスラエル人を憎まないといいます。「わたしの娘たちが最後の犠牲者になりますように」と祈り、「憎しみを乗り越えて、パレスチナ人とイスラエル人が共に人間性と自由を信じる新しい世代を構築しなければならない」（アブエライシュ著『それでも、私は憎まない――あるガザの医師が払った平和への代償』2014年、亜紀書房）と訴えています。

パレスチナ出身者を取り上げてきましたが、近年、急増しているのがアジア諸国からの留学生です。マレーシアを中心に医学部留学生の半数以上がアジア系です。その学術水準もさることながら、カイロ大医学部を志望する大きな要因は学費と生活費の安さです。

同じ理由で日本の高校から東欧諸国の医学部への進学が最近、とみにふえています。本書を通じて、近い将来、医者を目指しカイロ大学に進学する日本人が登場するかもしれません。

■アラファト議長の出身！　工学部

農・医・薬学部と並び、国際競争力があるのは、工学部です。有名な卒業生ではアラファト議長の他、世界的な暗号学者のタヘル・エルガマル博士（1977年、電子工学科卒）がいます。インターネット時代に欠かせない、世界標準のセキュリティ暗号化技術「SSLの生みの親」と呼ばれる人物です。専門誌のインタビューで、カイロ大学時代についてこう振り返っています。

「カイロ大はとてもいい大学だった。おかげで、卒業後、進んだスタンフォード大学では、勉強も英語もぜんぜん困らなかった。（エジプトで勉強を続けなかったのは、）私はただ遂げたいことを成し遂げたかったからだ。私はそのために、人と闘ったり、叫んだり、呪ったりする必然性はないと考える方の人間だ。人間には一貫性がないけど、私の愛する数字にはつねに一貫性がある。私が尊敬するのはインドのガンジーだ。静かさが強みであり、私にもその特徴があると思う」

婉曲的な言い方ですが、混乱と闘争のカイロ大学の学風とは肌が合わなかったようです。

同じく学風が合わずにカイロ大から海外へ渡った有名な研究者もいます。エッサム・ヘギー博士です。1975年生まれの理学部天文学科出身で、カイロ大で教鞭をとりながら、惑星発見の研究功績で国際的な賞を数多く受賞しました。しかし、2006年、カイロ大学当局の腐敗を指摘した途端、解雇されてしまいます。その後、アメリカに移り、NASA（アメリカ航空宇宙局）の火星探査プログラムの研究員となっています。

ヘギー博士と同じNASAにスペースシャトル開発者として勤務していた工学部の先輩がいます。エジプト史上、民主的な選挙で選ばれた初の大統領ムハンマド・ムルシです。農村生まれで、遠くの学校にロバに乗って通っていたといいます。勉強に励み、最難関学部の工学部に合格。1975年に電子工学科を卒業、3年後に修士号を取得しています。国費留学生として、南カルフォニア大学で博士号を取得し、アメリカで教鞭をとります。帰国後、地方大学の工学教授となり、エジプト革命の起こる前まで大学教員でした。大統領就任から1年を待たずして、軍事クーデターで政権は転覆し、現在、終身刑で服役中です。

■コンピューター情報システム学部

理系の人気学部として、コンピューター情報システム学部もあります。バングラデシュやアフガニスタン、インドネシアなどアジア諸国からの留学生も増えています。どうしてエジプトでコンピューターを学ぶのかといわれそうですが、有名人では元グーグル中東幹部でコンピューターエンジニアのワエル・ゴニム（２００４年卒）を輩出しています。ＳＮＳを駆使したエジプト革命のインターネット活動家の一人で、ノーベル平和賞候補にもあがった人物です。現在、自身が立ち上げたタハリール・アカデミー財団を通じて、13歳から18歳の若いエジプト人、アラブ人向けイーラーニング・プログラムを提供しています。

ゴニムの大先輩には、悪名高きアフメド・マブルークとムスタファ・ハムザがいます。マブルークはシリアのアルカイダ最高幹部を経て、「アルヌスーラ戦線」や「シリア征服戦線」の指導者となりますが、２０１６年10月、ドローン攻撃にあい死亡が確認されています。マブルークのクラスメイトだったハムザはムバラク大統領暗殺未遂事件、１９９７年のルクソール事件（日本人10人を含む61人の外国人観光客を殺害）の首謀者とされ、欠席裁判で3度の死刑判決をうけています。潜伏中のイランから２００４年、身柄を引き渡されますが、エジプト革命後の２０１２年、ムルシー大統領の恩赦で釈放されます。現在の行方はわかりません。

■「大砂嵐」の出身！　商学部

成長するエジプトやアラブ、アフリカ圏で将来、ビジネスをする夢のある人には商学部がおすすめです。１９１１年設立の旧制商科大学に起源を持つ伝統ある学部です。アラブ財界を代表する人材を多数輩出してきました。専門は経営学、会計学、数学及び保険学、保険数理学の4学科があります。

カイロ大学商学部出身者といえば、日本にゆかりの深い人物がいます。イスラム教徒初の大相撲力士「大砂嵐」です。大砂嵐の本名は、アブドゥルラフマン・シャーラン。相撲との出会いは15歳だったと

▲商学部英語セクション

いいます。11歳からはじめたボディービルのおかげで筋力には自信があったにもかかわらず、ジムで相撲をやっている小柄なエジプト人と対戦して、まったく歯が立たなかったことで、相撲の魅力に目覚めます。カイロの道場に通って相撲の練習をかさね、2008年には世界ジュニア選手権無差別級で3位になります。カイロ大学の商学部で学んでいたものの、日本で本格的に相撲をやりたいという思いを抑えきれず、2011年に休学して来日を果たします。しかし、何の伝《つ》手《て》もないエジプト人を受け入れてくれる部屋はなかなか見つからず、各部屋に手当たり次第に手紙を送り稽古に参加しましたが、良い返事はもらえなかったといいます。6部屋に断られたあと、大嶽《おおたけ》部屋がやっと受け入れてくれました。その後の活躍は知られているとおりです。

■世界大学ランキングにおけるカイロ大学のレベル

以上、カイロ大学の各学部の特徴や有名な出身者もわかり、入学に向けた期待が膨らんでいるころでしょう。それでも、入学を考えるならカイロ大学が世界の大学の中でどのくらいのレベルなのか気になるかもしれません。

世界の大学ランキング「トップ・ユニバーシティ2017」によると、人文科学系のカイロ大学の順位は世界328位。なんとも微妙な順位ですが、同じぐらいのレベルの日本の大学を挙げると筑波大学（310位）同志社大学（372位）、神戸大学（376位）大学があります。社会科学系では、カイロ大学342位で、その前後にある日本の大学は筑波大学の324位、上智大学が451位。工学系は246位で、筑波大学（255位）、神戸大学（286位）。ライフサイエンス系では、筑波大学（240位）、カイロ大学（295位）、神戸大学（300位）となっています。

こうしてみていくと、多くの分野でカイロ大学は神戸大学と筑波大学と同じくらいの順位です。各分野で世界トップ10前後に君臨する東京大学にはかないませんが、教育予算が日本よりずっと少ない途上国で、しかも学生数30万人の超マンモス大学にしては、大健闘しているといえるでしょう。

■カイロ大学出身日本人の活躍

といっても気になるのは、カイロ大留学後の進路です。これまで小池氏やアラファト、フセイン、ザワヒリなど目立ちすぎる出身者を中心に取り上げてきましたから、一抹の不安を感じていることでしょう。そこで、カイロ大で学んだ主な日本人の活躍ぶりを紹介していきます。

日本人でカイロ大学を卒業した記念すべき第1号は大東文化大学教授でアラビア文化の研究者、小笠原良治氏（1931〜）です。小池氏は留学時代、小笠原氏を「仙人」と仰いでいたといいます。小笠原氏はカイロ大学文学部アラビア文学科を10年かけて卒業し、『ジャーヒリーヤ詩の世界—イスラーム以前のアラビア』（1983年）や『アラブの秘密』（2001年）といった著作があります。文学のみならず、アラブの風習や民俗、死生観にも通じた幅広い研究活動をしています。

カイロ大学出身でジャーナリストになっている人物に、西森マリー氏がいます。西森氏は東京外国語大学卒業後、カイロ大学で比較言語心理学を専攻。帰国後、NHK教育テレビの英語会話の講師やNHK海外向け英語放送ラジオ・ジャパンのDJ、テレビ朝日系『CNNモーニング』キャスターなどを歴任します。現在アメリカをベースに活動中です。自身、イスラム教徒であり、現在はアメリカのテキサスを拠点に、「レッド・ステイト（共和党が強い州）に住むイスラム教徒」という立場からアメリカ保守派の視点を伝える記事や著作を発表しています。

私と同じく、カイロ大学オリエント言語学科で学んだ菊池絵美氏もユニークな存在です。2000年代の初めにエジプトにやってきてカイロ大学で学び、以来、エジプト革命以降まで十数年にわたってエジプトに暮らしたという経歴の人です。

菊池氏は法政大学中退後、シリアに渡航して難民キャンプに滞在。それから、ダマスカスやヨルダン大学でアラビア語を習得します。その後、彼女はスーフィズム（イスラム神秘主義）を学ぶために各国の修行場を訪ね歩いています。神秘主義をマスターするためには、古代言語の知識が必要だと感じ、菊池氏はカイロに移り、オリエント言語学科に入学。古代シリア語や古代エチオピア語、ヘブライ語、ペルシャ語をアラビア語で学びながら、トルコ、エジプト、シリア、イェメンなどの著名なシャイフ（イスラーム学者）のもとを訪ね歩き、北キプロスの導師の伝手で修行したといいます。その修行の成果を記したウェブサイトは一見の価値ありです（http://emikikuchi.exblog.jp/）。また、菊池氏には『人間の中へ——中東』（2004年）という著作があります。

時代をさかのぼると、仏教界からイスラム学を志した出身者がいます。東大寺長老の僧侶、森本公誠氏（1934〜）です。森本氏は1961年のナセル時代にカイロ大学に留学しています。広島で小学生時代を送った森本氏は、原爆投下の4カ月前に軍人だった父の招集をきっかけに奈良に転居して、被災を免れたといいます。戦後、父が軍人だったことから生活に窮して、15歳で東大寺に入り、その後京都大学を卒業。戦後、それまでの価値観がくつがえり、マルクス主義などの左翼思想が盛んになる中で、「仏教をほかの宗教の視点から見てみたいという思い」でカイロ大学に留学し、イスラム研究を志します。エジプトから戻ったあと京都大の大学院で博士課程を修了し、その後、東大寺の住職になるという異色の経歴です。

森本氏には多数の著訳書がありますが、代表的なのはイスラム世界の生んだ偉大な歴史家イブン＝ハルドゥーンの『歴史序説』全3巻の翻訳です（1979〜1987年）。また、ギリシア語、アラビア語パピルス文書、アラビア語歴史書などを参照しつつまとめた『初期イスラム時代エジプト税制史の研究』（1975年）は日経・経済図書文化賞を受賞しています。

現在もイスラム諸国の高官や宗教者などの東大寺訪問の受け入れにあたるとともに、自ら中東イスラム諸国を積極的に訪問し、講演を行ったり、シンポジウムに参加したりという活動を盛んに行っています。最近では、10世紀のアッバース帝国の首都バグダードで記された逸話の数々を集めたタヌーヒーの大著『イスラム帝国夜話』（岩波書店、2016年）の翻訳を出版しています。イスラム世界最古の逸話集として『千夜一夜物語』にも影響を与えた作品です。

学者や研究者にもカイロ大への留学組は数多くいます。「イスラム研究」の水谷周《まこと》氏、東京大学教授で「中東文化研究」の杉田英明氏、一橋大学経済学部名誉教授で「中東社会経済史」が専門の加藤博氏、中央大学文学部教授で「中世アラビア語古文書研究」を専門とする松田俊道氏、福岡県立大学教授で「イスラム世界の近代教育の研究」をしている田中哲也氏などです。

神奈川大学外国語学部教授の郷健治氏はシェイクスピアなどの英文学研究者ですが、大学時代にはエジプト政府奨学生としてカイロ大学へ留学し、その後アメリカで古典アラビア文学と古典イスラム学を学び、アメリカで外国人相手に英語でアラビア語を教えていたという異色の経歴の持ち主です。

関西大学教授で国際文化財・文化センター教授の吹田浩氏はカイロ大学の博士課程で考古学・エジプト学の博士号を取得しています。日本人としてカイロ大学で博士号をとった二人目です。

■日本人初のカイロ大学博士号誕生

カイロ大学で日本人初の博士号をとったのはイスラム法学者の中田考氏です。中田氏は名門灘高校から東京大学文学部に新設されたイスラム学科の第一期生として学び、その後修士課程まで修了します。しかし、自身もイスラム教徒に改宗していたことから日本の大学では深くイスラムを学ぶことはできないと感じていたといいます。そんなとき中東研究の大御所・板垣雄三氏（東京大学東洋文化研究所名誉教授）のすすめもあって、１９８６年にエジプトへ渡り、92年まで滞在しました。

▲カイロ大学留学中の中田考氏（1990年、撮影・田中真知）

カイロ大学で博士号を取るには、当然ですが、アラビア語で博士論文を書いて、厳しい論文審査を通過しなければなりません。カイロ大学以外を含めて、アラブ圏の大学でアラビア語でイスラム学の論文を書いて博士号をとった日本人は、中田氏しかいません。

留学はスムースにいったわけではないようです。カイロに着いて手続きをしようと大学へいってみると、「そんなことは知らない」といわれて埒が明かない。結局、博士課程への手続きが完了するまで2年くらいかかったといいます。

とはいえ、中田氏はほとんど大学へは行かなかったといいます。論文を書くために手当たり次第に本を買ったり、サラフィー主義（初期イスラムへの回帰を唱える思想）の友人を論文執筆にあたって家庭教師に雇ったりしていました。当時はワープロがなかったので、アラビア語の校正がたいへんだったそうで、それを頼んだ担当教授の助手からは法外なバイト料を取られたそうです。

▲博士論文の口頭審査会の様子（写真提供・中田考）

ユニークなのは、博士論文の口頭審査会です。日本の大学では論文の審査会は教授陣によって行われますが、カイロ大学の場合、それがなんと一般公開で行われるといいます。大学内の大きな講堂で、だれが参加してもいいそうです。エジプトでは博士号を取るのは社会的に大きな名誉なので、審査会には田舎から学生の家族や親族が大勢でやってくるそうです。ときには子供が会場を走り回っていることもあるとか。論文の正式な審査過程はクリアしたうえなので、口頭審査はいわばお祭りのようなものなのです。

中田氏の博士論文のテーマは『イブン・タイミーヤの政治哲学』でした。イブン・タイミーヤはシリア生まれのイスラム法学者です。イブン・タイミーヤは、ムスリムを名乗っているにもかかわらずシャリーアに背く統治を行っている為政者に対してジハード（聖戦）が成り立つという「革命のジハード論」を唱えた人物で、これがジハード団など現代のイスラム武装勢力の思想、サラフィー・ジハード主義と結びついていったのです。中田氏は、論文執筆にあたり、友人の伝手で、現代のジハード団の文書をひそかに手に入れて参考にしたといいます。

كلية الآداب
الدراسات العليا والبحوث
شهادة
تشهد كلية الآداب جامعة القاهرة أن السيد / حسن كوتا كاظا
المولود في ١٩٦٠ جهة اكاياما
مقيد في العام الجامعي ٨٩/١٩٩٠ لتحضير (درجة) دكتوراه في الآداب
من قسم الفلسفة
وسدد الرسوم عن عام ٨٩/ ١٩٩٠
وتحررت هذه الشهادة بناء على طلبه لتقديمها الى الجهات المختصة .
مراقب الكلية
المسجل

▲中田氏の博士号取得証明証

「いわゆる地下文書です。政府にとっては反体制的なこのような文書は危険視されています。それを論文中の参考文献として上げたので、見つかったらどうなるかなと思っていたのですが、何もいわれませんでした。カイロ大学内には秘密警察が事務所を構えて大勢いるのですが、ぜんぜんチェックされない。教授たちも読んでないのでしょう。権力側は人数が増えたからといって、優秀になるわけではないですからね。増えるとかえって指示系統もバラバラになって無能になるんですね（笑）」

カイロ大学で博士号を取得した中田氏は、その後、サウジアラビア日本大使館専門調査員や山

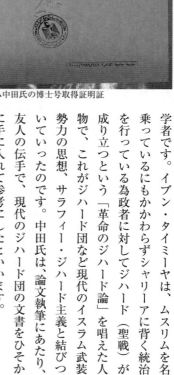

ロ大学助教授、同志社大学神学部教授を経て、現在は同志社大学客員教授、一神教学際研究センター客員フェローです。一方で、広範なイスラムの知識にもとづいて「カリフ制再興」のために漫画などを使った啓蒙活動や、外国語学校でアラビア語、ヘブライ語、トルコ語、インドネシア語を教えつつ、イスラムの正しい知識を伝えるべく後進を育てています。

■混乱と闘争の大学で学んでみないか

カイロ大学には他の大学にはない磁力があります。その磁力は遠く離れた極東の国、日本の若者をも引きつけてきました。こんなにも特異で孤高の日本人ばかりを輩出するのがカイロ大学のすごさであり、世界最強の大学といえるゆえんです。

本書はカイロ大学出身者の特異さを建学者までさかのぼって、詳細に考察してきました。冒頭でふれたカイロ大学の学風である混乱と闘争とはどういうことか、読者の方々に伝われば幸いです。混乱と闘争は、頭でつくられた机上の理念ではなく、建学者とその継承者たちが、文字通り命を賭けた闘争を繰り返した中から生まれたものなのです。

学生たちはカイロ大学で孤高の存在であらんことを学びます。孤高を生み出すのは異質な教育空間です。それは多様性を認める教育や画一的な〝グローバル教育〟などとは違います。一癖も二癖もある異質な者同士が世界中から集う場で、互いに強烈に反発しあったり、拒絶しあったりする闘争の空間です。留学生たちは、そのような混乱と闘争への耐性と応用力を身につけて故国へ帰っていきます。

カイロ大学とは自分を信じる若者にとって、底知れない漆黒の海のようなものかもしれません。自分が放つ光の強さによって、その深さは変わります。そんな不安定な状況こそが人を真剣な思索へと駆り立てます。その思索が、この混沌《カオス》の世界になんとか秩序をもたらそうという強い衝動となって現実に働きかけ、それがまた新たな混乱をもたらし、世界をダイナミックに動かしていく。その力の源泉こそカイロ大学なのです。

第7章

カイロ大学留学体験記

■14万人分の一の日本人学部生

本書を通じてカイロ大学闘争史をひもとき、前章では入学方法や各学部の特徴を述べました。最後に筆者の留学準備からキャンパスでの体験、エジプトから半ば強制退去させられた顛末まで描いていきます。あとに続く、志高い学生諸君の参考になれば幸いです。

カイロ大学は中東最大のマンモス大学です。なにしろ学生数が桁違いに多い。私が在籍していた1993年頃の学生数は約14万人。それから10万人以上も増え、2016年現在の学部生数は25万人を超えています。東大の学生数が1万4000人、ハーバードやスタンフォード、オックスフォードといった名門でも2万人

▲カイロ大学のメインキャンパス。手前がカイロ大学スクエア。大学のシンボルはドーム型大講堂（左）と時計台（右）。時計台の手前の建物が通っていた文学部本館

前後、日本最大の学生数を誇る日本大学でも7万人弱ですから、カイロ大学の学生数が並外れていることがわかります。

私はその中で、当時、唯一の日本人学部生として1993年から1995年までを過ごしました。専攻は文学部オリエント言語学科セム語学のヘブライ語でした。

エジプト人学生はとても陽気で、人懐っこい人たちでした。キャンパスでは、珍しい東洋人の私は歩いているだけで毎日何十人もの学生から声をかけられました。

▲20数年ぶりに訪れた学び舎。オリエント言語学科のプレートの前で筆者(2017年)

「ジャッキー・チェーン!」

「おまえは中国人か、日本人か?」

「日本に大学はないのか?」

「古代エジプトの勉強をしているのか?」

「アラビア語はむずかしいか?」

「エジプト人の彼女はいるか?」

「日本語の文字の数はいくつあるのか?」

「家のテレビが壊れたので、直してくれないか？」

「広島、長崎（への原爆投下）について悲しく思う」

「どうやって経済大国になったのか。アメリカへの報復のためか？」等々。

　毎日似たような質問がたてつづけに浴びせかけられると、いいかげんうんざりしてくるのですが、こちらも挨拶だと思って適当に返事をしています。

▲学生時代と変わらない文学部本館（2017年）

「何を学んでいるのか」と聞かれて「ヘブライ語だ」と答えると、たいていびっくりされました。わざわざカイロ大学まで来て、エジプトやアラブに関する学科を専攻するわけでもなく、ピラミッドで知られる考古学を勉強するわけでもない。それどころかエジプト人やアラブ人が敵視するイスラエルの言語・ヘブライ語を学ぶというのですから。

　そのせいでのちに秘密警察からスパイ容疑をかけられ、さまざまなトラブルに巻き込まれるはめになったのですが、それについては後述します。

■湾岸戦争で中東に注目

カイロ大学へ留学する最初のきっかけは１９９１年の湾岸戦争でした。当時私は高校２年生でしたが、湾岸の産油国クウェートにサダム・フセイン率いるイラクが侵攻したことも、そしてフセインがアメリカを中心とした多国籍軍との戦争も辞さなかったことに大きなショックをうけました。

外交官志望だった私は山口高校卒業後、故郷を出てアメリカの首都ワシントンＤＣにあるジョージタウン大学に進学する予定でした。経済的にも軍事的にも世界大国であるアメリカの中心で学びたい。そのために入学に必要な米国大学入試ＳＡＴ（大学進学適性試験）のスコアもクリアし、願書や小論文も提出していました。

そんなさなかに起きたのが湾岸戦争だったのです。それまではほとんど視野に入っていなかったイラクや中東が急に気になってきました。大国アメリカと戦争しようというイラクと

▲高校時代、ショックを受けた湾岸戦争。イラク軍の戦車部隊

はどんな国なのか。もっと知りたいと思い、ニュースや専門書を読むなどしたのですが、どうもよくわかりません。現場で何が起き、人々が何を考えているのか真相を知りたい。それなら現地に行くしかありません。そこで急遽、留学先をアメリカからイラクに変更することにしました。イラクの首都にはバグダッド大学があると知り、そこへ行こうと心に決めました。

じつは中東への進路変更にはもうひとつの動機がありました。

湾岸戦争への日本政府の対応のもどかしさです。多国籍軍への戦費拠出や邦人人質の問題で何も決められない政府の対応をみて、「日本人は中東についてなにも知らないのではないか」と思い、「それなら私が先陣をきって学び、中東問題を解決するしかない」と山口は長州の血を継ぐ高校生の胸に使命感の炎が燃え上がったのです。

■バグダッドを目指す

志を立てたら、即行動です。高校2年の冬に上京し、目黒にある在日本イラク大使館を訪ねて、バグダッド大学へ留学したいのでビザがほしい、とストレートに頼みました。しかし、イラク人大使館員は「いまは危ない。私だって帰りたくないぐらいだ」と諭されました。たしかに戦下のバグダッド大学へ留学したいなどというのは無茶に聞こえるでしょう。当然ビザも発給してもらえませんでした。

それでも中東への思いは変わりませんでした。なんとかバグダッドへ行けないものかと思案していたとき、偶然、地元でハーバード大学政治学部出のユダヤ系アメリカ人と知り合いました。そのユダヤ人フィリップに思いを話すと、中東の政治大国といえばエジプトだ、その中心はカイロだといわれました。それを聞いて、よしそれならバグダッド入りの前にカイロで勉強しようと決めました。

具体的なことは何も決まっていませんでしたが、行く気は満々でした。カイロへの留学の準備にあたり、フィリップから中東情勢とディベート術のレクチャーを受けました。英字紙の記事やアメリカの大学で使われている中東現代史をテキストにして、中東問題の基本を理解しながらさまざまな角度から討論を重ねました。フィリップはアラブとイスラエル双方の立脚点を知るべきだといい、毎回テーマを決めて、互いに肯定と否定の立場を入れ替えながら、立論、尋問、反駁をくりかえしました。テーマはパレスチナ国連決議やイスラエルの入植問題など、さまざまです。

ディベートでフィリップに歯が立たなかったのが中東の宗教問題です。宗教についての理解なしには説得力のある議論はできないと痛感し、「聖書」と「コーラン」をじっくり読むことにしました。聖書は知り合いになったイエズス会のルドロフ・プロット神父に学び、コーランは井筒俊彦訳と日本ムスリム協会訳を買って読み進めました。井筒訳とムスリム協会訳とでは翻訳の文体がまるで異なっているのにも驚きましたが、それ以上にコーランの内容が、日本的な世界観とはかけ離れていて、さっぱり頭に入りません。

■山口市にいたエジプト人留学生

独学ではコーランはわからない。やはりイスラムについて学ぶなら、アラビア語でイスラム教徒に直接教えてもらうのがいちばんだ。そう考えた私は地元にアラブ人がいないか探しまわりました。すると「山口大学にイブラヒムさんというエジプト人留学生がいる」という噂を聞きました。聞けば、カイロ大学で修士課程を終えて、博士号取得のために日本に留学中だといいます。

さっそくイブラヒムさんを訪ねて、コーランとアラビア語を教えてくれとお願いしました。するとイブラヒムさんは「1時間3万円ならいいよ」と即答。山口にいながら、いきなりエジプト人交渉術の洗礼を受けました。自身の希少価値をすぐさま計算してふっかけてきたのです。こちらが高校生だということなどおかまいなしです。ウェットな日本人感覚は通用しません。こっちもハーバード出ユダヤ人仕込みのディベート術で抗戦し、なんとか5000円まで下げさせました。こうして高校時代、アルバイトで稼いだお金をイブラヒムさんのレッスン代につぎ込むことになりました。

それでも、イスラム教はさっぱりわかりませんでした。イスラム教徒として生まれ育ってきたイブラヒムさんには、イスラム教のロジックを異教徒にうまく説明できないのです。礼拝の仕方やメッカ巡礼のことなどは教えてくれるのですが、なぜそれが重要なのか、こちらには理解できません。

イスラム教について習うとともに、アラビア語も教えてもらいました。しかし、習いはじめてすぐに、この言語は相当手ごわいと悟りました。イブラヒムさんは「カイロで勉強するなら、母校カイロ大学がアラブ世界でいちばん優秀だ」としきりにすすめてきますが、カイロ大学の授業はアラビア語で行われます。いくら即断即決の私でも、いきなりカイロ大学に入るのはさすがに無謀だと判断し、英語で講義が受けられるエジプトの大学を探すことにしました。さっそく『世界のアメリカ大学一覧』を取り寄せ、調べてみるとカイロ・アメリカン大学という大学があることがわかりました。同覧によれば、「ベイルートのアメリカン大学と並び、中東研究の〝双璧〟」との評価でした。

それなら中東政治を学ぶためにカイロ・アメリカン大学に入ろうと決めました。願書を取りよせ、ＴＯＥＦＬのスコアと志望理由の小論文を送ったところ、書類選考を通過。それからカイロに飛び、大学の授業で討議できるだけの英語レベルかどうかをチェックするグループ・ディスカッション試験を受けてクリア。こうして１９９２年９月、湾岸戦争から約一年半後、カイロ・アメリカン大学に入学しました。

■カイロ・アメリカン大学とは

カイロ・アメリカン大学は1919年にプレスビテリアン（長老派、プロテスタントの一派）のアメリカ人宣教師チャールズ・A・ワトソンによって設立された私立大学です。私が入学したころは、のちにエジプト革命で有名になったカイロの中心タハリール広場のすぐそばにありました（いまはニューカイロにキャンパスが移転）。

設立当時は、宗教色が強かった大学ですが、1930年代、熱心なイスラム教徒からキリスト教宣教機関ではないかと疑われ、廃校運動に直面しました。その後、世俗化を推し進め、リベラルアーツを中心とした大学教育機関に変遷していった経緯があります。

カイロ大学とカイロ・アメリカン大学はひじょうに対照的な性格の大学です。エジプトという国の二つの側面を表しているようにも思えるので、カイロ大学の位置づけを知る上で、カイロ・アメリカン大学での学生生活についてもふれておきたいと思います。

カイロ・アメリカン大学（以下、現地日本人の通称「アメ大」と表記）というのは、ひじょうに特殊な世界でした。

カイロのど真ん中に位置するというのに、教育言語が英語であるばかりか、学生同士のキャンパスの共通言語も英語でした。驚くことに、エジプト系やアラブ系でも、アラビア語の読み書きがきちんとできない学生がたくさんいました。帰国子女ならそれもわかりますが、エジプトに生まれて、エジプトで育ったエジプト人であるにもかかわらず、アラビア語がきちんとできないのです。なぜか。彼らは幼稚園から高校までインターナショナルスクール（以下、インター）でアラビア語以外の教育を受けてきているからです。そのためエジプト人なのに外国人向けのアラビア語初級クラスをとっている者さえいました。日本でいうと、日本語が下手なハーフタレントだらけの大学というイメージです。

一口にインター出身といってもナポレオンのエジプト遠征、英国統治時代からの伝統校もあります。『オリエンタリズム』で著名なパレスチナ系アメリカ人の文学批評家エドワード・サイード（1935～2003）が学んだ名門「ヴィクトリア・カレッジ」（1902年創設）やイタリア系の「レオナルド・ダ・ヴィンチ高校」（1868年創設）卒業者もいます。そのほか、仏系、独系、ギリシャ系学校出身の欧州にルーツを持つエジプト人たちもいました。そのなかには、地中海圏の商人文化を受け継ぎ、5カ国、6カ国語を自由に

▲ハイソなアメ大。ニューカイロにある新キャンパス

操る学生も珍しくありませんでした。

アメ大の授業料は年間1万ドル以上。エジプトの物価水準からするととても高額です。エジプトの公務員の給料は当時、日本円で5000円以下でしたから、そこに入れるエジプト人学生というのは、必然的にお金持ちばかりです。

彼らの親はいわばエジプトの実業界を動かしている人たちで、子供に跡を継がせたいと思っています。そうした富裕層はエジプト人の中では少数派です。アメ大は、いわばマイノリティの成功者が子供たちを行かせる学校です。親としては子供をローカル丸出しのエジプト人にはしたくないけれど、アメリカやヨーロッパの大学に行かせるとあちらの文化にかぶれてしまうかもしれない。それは困るので、ぎりぎりのところでアラブ世界に囲っておきながら、将来ビジネスに役立つ地元富裕層の人脈も学生の間に築かせておきたい。そんな願いをもつ親の子供たちがアメ大に来るわけです。

外国人にしてもアラブ系の学生は産油国の富豪ファミリー出身者だったり、インド・パキスタン系なら家族が湾岸諸国に渡り、ビジネスで成功を収めたという人たちだったりします。お抱え運転手に大学まで送迎してもらう学生も少なくありません。仲良くなったサウジアラビア人学生は親に買い与えられた高級アメ車のリンカーンで通っていました。いわゆるお坊ちゃん、お嬢さんばかりです。

日本人の正規学部生も数名いました。おもに海外勤務が長い商社マンや新聞記者の子女たちで、彼女らもインター組です。日本の田舎から一人「中東問題を解決する」と気合いを入れてやってきた私は、現地学生や外国人留学生の間のみならず、日本人学生の中でも完全に浮いた存在でした。

■アメ大のハイソなキャンパスライフ

2学期からナイル川の中洲のゲジーラ島にあるアメ大の寮に入りました。それまでエジプト人新婚夫婦のところに下宿していたのですが、大学まで乗り合いバスで2時間近くかかるうえ、帰宅すると1歳にも満たない娘さんの子守りを任されて、毎日ヘトヘトになっていました。夫婦はよく外に遊びに出かけて、朝帰りのこともありました。これでは勉強に集中できないと、寮に入ることにしたのです。

大学の寮というと汚くて雑然としている、というイメージがありますが、アメ大の寮はまったく違いました。クリーニングやベッドメイキング、食事までついていて、都心にあるコンシェルジュサービス付の高級マンションのようにハイソな世界でした。

入寮者は外国人学生だけ。まず服装がちがいます。女子学生は一目で高級ブランドとわかる服で身をかため、話題はファッションとショッピング。「休みにはパリに買い物に行くわ」といった話をえんえんとしています。サウジやカタール、オマーンの王族の娘もいました。ヨルダンのラーニア王妃（1991年カイロ・アメリカン大学経営学部卒。のちにヨルダンのアブドゥッラー王子と結婚）が寮にいたころの噂話もよく耳にしました。

夜にはカフェテリアにいろんな国から来た学生が集まり、遅くまで議論しました。サウジのイスラム主義系の学生とアメリカのカトリック系の学生が神学論争をしたり、社会正義とは何かとか、「真のイスラムとは何か」とかが議論のテーマになったり、ヒジャーブ（ヴェール）はイスラムの義務か否か等々さまざまな話題が出ました。湾岸戦争冷めやらぬ時期だったせいもあり、クウェート人学生とイラク人学生の喧嘩腰の口論も見慣れた風景でした。

大学の講義も刺激的でした。哲学や科学的思考法を養う一般教養科目でも、教授はアラブの思想家や科学者とそれを継承した西欧の学問の関係性にたえず言及しました。それを学生が自身で掘り下げることを要求されるため、課題図書も膨大でした。大学図書館はアラブ・中東関係書籍が充実しており、現地の知識に飢えていた私は連日のように閉館までこもって読書していました。乱読するうちに、詰め込んでいった膨大な知識が系統化されていく知的快感を初めて得られたのはこのときです。

課外活動として「模擬・アラブ連盟」に参加しました。これはいわばアラブ連盟の学生版です。アラブ連盟は第二次大戦末期、カイロを本部に設立されたアラブ世界の地域政治機構で、アラブ全22カ国が加盟しています。模擬・学生アラブ連盟でも、学生メンバーが各国の代表団に分かれて、議案を提案、討論、利害を調整しながら、決議案の採決をします。こういう交渉事なら不利な国の代表の役回りほど面白いものです。私は〝アラブの狂犬〟カダフィ大佐擁するリビア代表を買ってでて、無茶で理不尽な議論をふっかけたりしました。

そんなふうに課外活動や寮生活はそれなりに充実していました。ですが、どうも現実感がない。アメ大生と一緒にいても「背負っているもの」を感じないのです。それもそのはず、彼らはいわゆる上流階級です。一歩外に出れば肌で感じるエジプトやアラブ世界の問題をなんとかしようという志があるわけではない。アメ大の生活とは、男子学生にとっては実家のビジネスを継ぐまで、女子学生だったら嫁入りまでのモラトリアム期間みたいなものです。

寮で唯一気が合ったのはアメリカ人留学生でした。中東情勢に介入する当事者国の学生らしく、「俺たちが中東を平和に導くんだ」というむきだしのエリート意識に刺激を受けました。ハーバードやプリンストン、イエール大学からのユダヤ系、カトリック系の学生もいました。私はそんな彼らと激論を闘わせる仲になりました。

彼らとつきあううちに、「こんな浮世離れした寮は出よう」という話になり、大きなアパートを借りて、シェアすることにしました。そこにインド、パキスタン、ボスニア、グアテマラ系の学生、さらには戦争ジャーナリスト、カルフォルニアからの仏教伝道師なども加わり、怪しいコミューンのような場を形成していきました。しかし、彼らにしても、カイロに数カ月、長くても1年しか滞在せずに帰国してしまうのでした。いってみれば根無し草です。刺激的ではありましたが、現地に根づこうとしていた自分の居場所ではないと感じるようになっていきました。

■カイロ大学へ転学の決意

そんなとき、急に思い出したのがカイロ大学の存在です。はじめてキャンパスを訪ねてみると、大学の空気がアメ大とはまったく違いました。むんむんとした熱気があるのです。人口密度が高いということもありますが、「現場にいる感覚」がそこにはありました。学生はカイロっ子を中心に、北は地中海系のアレクサンドリア人から南は黒人系のヌビア人まで、方言もファッションも違う地方出身者が混じり合っています。立身出世を目指して、受験戦争に勝ち残り、地方から選抜された強者たちが一堂に会している。そんな彼らの熱がキャンパスに充満していました。

何度か通ううちに、デモや学生会の選挙活動も目にしました。アメ大の「模擬・アラブ連盟」とは緊張感がまるで違います。カイロ大学の「学生会」は何千人もいる立候補者の中から、最終的に学生のリーダー一人を選びます。その先には、全エジプト国立大学の学生連盟代表を選ぶ頂上決戦があります。そこに至るまで、各大学で学部レベルの選挙にはじまり、最後は各国立大学から選抜されたリーダー同士が全国トップを決める選挙を競うのです。頂上に到達するまで、合計5回の選挙を勝ち抜かなければならない壮絶な闘いです。候補者からは、「天下を取ってやる」という気概がヒシヒシと伝わってきました。

カイロ大学学生会に触発されてパレスチナ学生連盟をつくったアラファトPLO議長のことや、カイロ大学留学中にイラク・バース党の極秘潜伏活動をしていたサダム・フセイン大統領の学生時代のことなどが思い浮かんできて、わくわくしてきました。山口からカイロにやってきて1年半、ようやく何かがつながった感触がありました。「よし、ここで学ぼう！」と決めた私はリアリティのなかったアメ大と決別し、カイロ大学へ転学する決意をします。

■専攻学部を偵察する

次に決めるべきは、何を専攻するかです。初めに書きましたが、カイロ大学は文字どおりの超マンモス大学で、学部は24もあります。学部によってランク付けがまったくちがいます（学部の詳細や入学方法は6章参照）。

1章で書いたように、私は交渉術によってエジプト高校卒業試験（日本の大学センター試験に相当）で満点に近いスコアを獲得していましたから、どの学部でも自由に選べる立場にありました。エジプト人の知り合いはみな「すごい！　絶対、政治経済学部に行くべき」と勧めてきます。政経学部は文系で圧倒的にランクが高く、日本でいえば東大法学部のような位置づけです。しかも、英語で4年間、授業が受けられるセクションもあると聞き、アラビア語が完璧ではない自分でも十分やっていけそうでした。

　しかし、キャンパス内の学部別偵察を済ませていた私は別の評価を下していました。政経の学生たちはいわば体制派です。カイロ大の学生の中ではいちばんスマートで、そのあたりはアメ大の学生の雰囲気に重なります。ただし、アメ大が体制に対して距離を置くマイノリティの中のエリートだったのに対して、カイロ大の政経は国を動かしている側、いわばマジョリティ側のエスタブリッシュメントの子弟が多い。人脈作りにはいい環境ですが、自分の反骨精神にはなじみませんでした。政経に入るのは逆境の少ない軟派な道だととらえ、パスしました。「もったいない」と引き留められましたが、そこは譲れません。

▲政治経済学部。エスタブリッシュメントの子弟が多かった（1994年）

では、専攻をどこにするか。当時、国連事務総長だったブトロス・ガリやエジプト外務大臣アムル・ムーサを輩出した法学部も考えましたが、情報収集すると、どうも学術レベルが下がっているらしいことがわかりました。独裁政権が続いたため、法学の価値が弱くなっていたのです。イギリス統治下の独立闘争時代は司法・社会制度を構築していくうえで、法律家の社会的地位が高かったのですが、ナセル時代からはそれが下がったままです。現代のエジプトの憲法体系は軍事独裁体制を守るためにあるという位置づけといっても過言ではありません。日常生活においても、法律で問題を解決するよりも、コネや賄賂で解決するのが常套手段です。

ただ興味深いことにムスリム同胞団員は法学部出身者が多いのです。エジプトは軍事政権下といっても、長年の法治国家の枠組みは残しています。そのなかで、統治体系を少しでもイスラム化しようと思っていた彼らは法律に精通し、

▲カイロ大最難関学部の医学部。落ち着いた雰囲気

そこを突破口に現体制を攻めていこうと考えていました。当時、同胞団の政党活動は禁止されており、リベラル派のワフド党を隠れ蓑にして出馬するなどして国会に議席を確保していた時期でした。「そのスコアなら医学部でもいける」とも勧められました。全学部のなかで最難関が医学部です。一瞬面白そうだと思ったものの、中東問題の解決と医学の道とはどうしても結びつきません。それでも、とりあえず医学部専用のカスルアイニ・キャンパスを訪問してみると、どの学部より落ち着いていて、成熟した雰囲気がありました。イスラム主義系の学生も目立ち、女子学生のなかには顔を完全に覆うニカーブをつけた人もいました。親たちも医者というパターンが多いようでした。医者は豊かなエリート層らしく社会意識が高く、政治に対する批判精神も強い社会階層です。臨床を通じて、現実社会とふれあう中で現場感覚も持っています。親たちの世代だと医者は「社会主義が答え」というのが共通理解でした。その夢が瓦解して、子供の世代だと「イスラムが答えだ」というふうに変わってきていました。医学部出身者がイスラム主義に走る素地は、そのあたりにあります。

■「敵国研究」の研究を志す

中東問題を解決する、という意気込みでカイロ大学に入った私が最終的に選んだのは文学部オリエント言語学科セム語学の中の「ヘブライ語専攻」でした。ヘブライ語は「タルムード」（ユダヤ教の聖典）の言語であり、イスラエルの言語です。アラブのことを学ぶのなら、「コーラン」のアラビア語やアラブの政治や歴史といった学科を専攻するのが普通かもしれません。しかし、いくらアラブ研究をしても、アラブ人以上にアラブ人のことは理解できないのではないかと私は感じていました。

日本人の自分に何ができるのか。外国人であるという立場を生かして、違う角度からアラブを見られないだろうか。そこで関心対象国（アラブ）による敵国（イスラエル）研究の状態を知ることで、逆説的にアラブ側の世界認識を読み解けるのではないか、と考えました。

国家は敵対する国家との関係の中で動いていきます。戦前の日本のアメリカ研究、現在の北朝鮮研究がそうであるように、アラブにとってみれば敵国イスラエルとの関係が自国の運命を左右します。つまり敵国研究は国家の存亡と直接かかわっている。だからこそ、敵国研究は世界的に水準が高いわけです。地域研究や外交研究、国際政治学も、もともとは敵国研究から発展したものです。学問の枠組みの中で研究するのにくらべて、そこには現場の本気の緊張感があり、ビビッドなのではないかと思ったのです。

そのうえで、併せてイスラエル側からの敵国（アラブ）研究を行えば、両サイドからの世界認識を読み解く能力を養っていけるはず。そうすれば、いずれ自分だけの「中東問題の解」を見いだせるのではないか。そんな仮説と空想を積み重ねながら、理想に燃える19歳だった私は悦に入っていました。

実際、ヘブライ語専攻学生の中には将来的にエジプトの諜報機関の専門家になる者もいます。古典から現代までヘブライ語を学び、むこうの文化をよく理解した上で戦略を練るわけです。ロシアがアメリカを研究し、アメリカがロシアを研究するように、エジプトにとってイスラエル研究は国家戦略上、不可欠です。そして、私の戦略は、その諜報機関専門家の卵たちと席をならべて、彼らの論理を内側から把握しようという作戦でした。

■教授の小遣い稼ぎはプライベートレッスン

そうと作戦が決まったら、実行あるのみです。講義がはじまる前に教科書を手に入れて予習しておこうと張り切りました。

ところが、理想と現実は大きく違っていました。

まず、肝心の教科書が入手できません。品切れなのではありません。教授がわざと流通を阻止して、学生が教科書を手に入れられないように小細工しているのです。しかも、教授は授業では手を抜いて、試験に出る内容を教えようとしません。当然学生は困ります。しかし、それこそが、教授の目論見です。試験にパスしたければ自分にお金を払ってプライベートレッスンを受けなさいというわけです。

エジプトでは公務員の給料はとても安く、カイロ大学の教授といえども例外ではありません。副業を持っている先生もたくさんいます。いちばん多いのがプライベートレッスンです。そっちの方が実入りがいいので、先生の中には学生がプライベートレッスンを受けざるをえない状況を作り出す人もいました。

カイロ大学の先生は、いちどなってしまえば終身です。中には何十年と同じ授業をやっている先生もいます。そのため授業そのものは、けっして刺激的な内容ではなく、ひたすら板書するということもあります。解釈やディスカッションもありません。それでもエジプト人は板書されたものをひたすら丸暗記することにかけては優秀です。なるべくたくさん暗記できれば、よい成績がとれます。

学生数も多いので、科目によっては人数が多すぎて授業にならないこともあります。セム語学科の学生数は40～50人だったのでのんびりしていましたが、全体としては教員一人に対する平均学生数は500人以上といわれていました。大講堂で行われる一般教養の英語の授業ともなると、学生数が数千人に及ぶこともあります。そんな過密な状態で授業になるわけがありません。しかも、カイロ大学には休み時間がないのです。授業1コマは2時間ですが、1時限目が10時に終わ

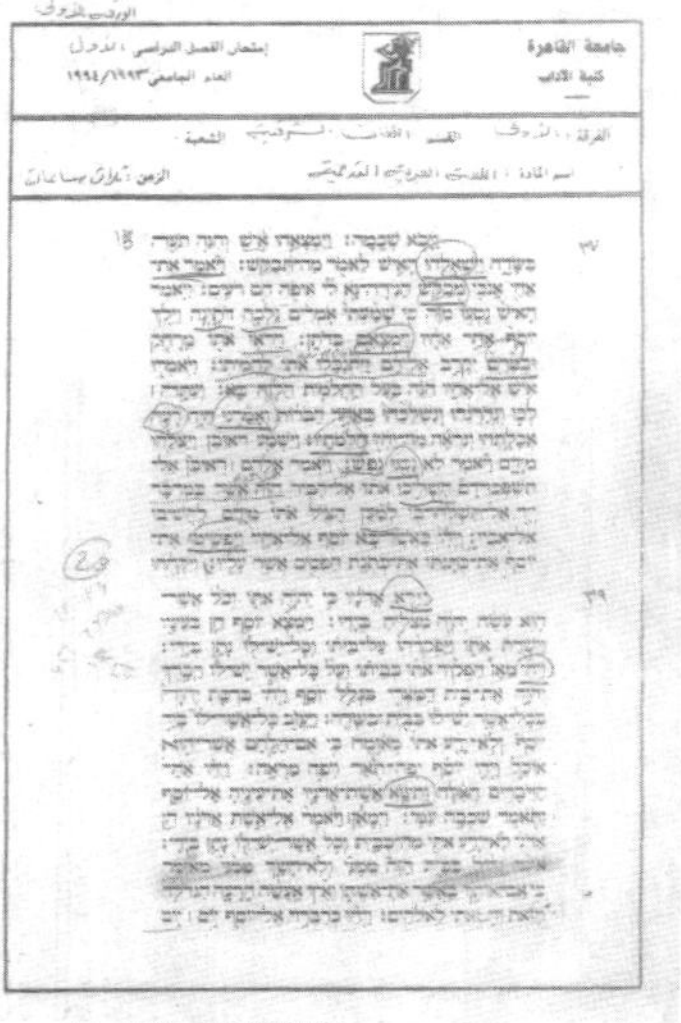

▲ヘブライ語の試験問題

ると2時限目が12時から始まります。しかし、それぞれの教室は離れているので、授業が終わると学生がいっせいに移動してキャンパスは大混乱になります。どうしてかわかりませんが、移動時間がないのです。

ですから、必然的に学生も教授も遅刻します。中には前の講義を早く切り上げて、時間どおりに始める教授もいます。そうなると、学生は講義の前半が聞けません。これもプライベートレッスン需要を増加させる教授の作戦です。どの授業を早退して、どの授業を遅刻するべきか、教授と学生の間で目に見えない心理戦が繰り広げられています。それでも、少なくとも講義をしてくれる教授はまだましです。まともな講義を行わない教授もいるからです。この状況は今日も変わっていないようです。

エジプト革命後、言語学教授がインタビューでこんな暴露をしました。

「カイロ大学全体が腐敗と凡庸さに陥っています。プライベートレッスンに始まり、終わりのない長期休暇、義務づけられた講義時間を守らない、印税稼ぎのため自著しかテキストに使わない、プライベートレッスン受講者を最大化するために大人数の講義しかしない。こうしたいかがわしい教育慣行によって、われわれ教授陣は（筆者補足：経済的に）厳しい時代を生き抜いてきたのです。この問題を解決するのは、革命よりも困難な闘いです。その闘いとは（補足：独裁政権に対してではなく）同僚や上司の学科長、学部長という自分と机を並べる人たちとの闘いでもあるからです」（「アルファナール・メディア」２０１３年2月25日）

このような大学の現実はそのままエジプト社会の縮図です。いろんな仕組みがあっても、実際にはその中で人間が空回りしているのです。

もっとも、全体のひどさに比べれば、私が専攻したヘブライ語の担当教授は学究肌で、良心的でした。問題は私の語学力の方でした。

授業は初めからいきなり聖書の原典講読です。最初の授業の冒頭でヘブライ語のアルファベットを学び、すぐに「ヨブ記」を読みはじめます。初めて習うヘブライ語の講義をアラビア語で受けるのですから、ほとんどわかりません。けれども、エジプト人にとってはヘブライ語は語彙も文法も同じセム語系のアラビア語に近いので、すぐに理解できてしまいます。イタリア人がスペイン語を習わずとも漠然と理解できるように、半年もするとエジプト人はヘブライ語をすらすら読んだり話したりできるようになっていました。しかし、それは日本人の自分には到底真似できません。黒板の板書もアラビア語の殴り書きで、自分には判読できません。ノートをきれいに取る女子学生にコピーさせてもらったり、講義を録音したカセットテープを自宅でひたすら聞き返したりして、なんとかついていこうとしました。

セム語学科を専攻する学生にはいくつかのパターンがありました。ひとつ目は親が軍関係でヘブライ語を勉強しろといわれて来たタイプ、二つ目は文学青年や歴女タイプで、聖書の言語であるヘブライ語やアラビア語、その他の古代セム語（アッカド語やアッシリア語）で書かれた文学や歴史に精通したいという学生。三つ目は本当は政経や英仏文など花形学科に行きたかったけれど、点数が足りなくて入れなかったタイプでした。

学科でできた友人のシャーディはエジプト軍の上級将校の息子でした。彼は階層的には体制派でしたが、親しくなるうちにエジプト政府のやり方に対して懐疑的であることがわかってきまし

▲現在の文学部講義室。当時なかったクーラーが完備されていた

た。あるときの会話では「軍事的に見ればエジプトよりイスラエルのほうが強いのは明らかだよ。国としても、あっちのほうが政治も経済もしっかりしている。だいたい、カイロ大学のこの講義の状態をみてみろよ。イスラエルの教育や研究のレベルとは雲泥の差だ。エジプトが戦ってかなう相手ではない」と公言してはばかりませんでした。

■秘密警察との直接対決

シャーディとの交流から、ヘブライ語を専攻した目論見は間違ってなかったと感じていた矢先、想定外の事態が起こります。外国人でありながらセム語学科でヘブライ語を学んでいることで、秘密警察からマークされはじめました。大学を出たら、尾行がついてくるようになったのです。

最初は遊び半分で、尾行を巻いたり、逆に尾行を追いかけたりして楽しんでいました。しかし、しばらくするとこれは冗談では済まされないと感じるようになります。帰宅したらアパートの部屋が荒らされていたり、脅迫を受けたりするようになったからです。カフェで水タバコを吸っていると隣のテーブル席の客から「お前を地獄まで追いかける」といった脅しを受けたこともありました。

そこで、行動に出ます。私の尾行を担当している秘密警察のオフィスに出頭したのです。面食らったのは向こうの方でした。まさか自分たちの事務所を私が把握しているとは気づいていな

▲カイロの警察署（2017年）

かったからです。

しかし、私にはなんの作戦もありませんでした。日本男児の気概をみせるときがきた、と打ち首覚悟で出頭したまでです。故郷の思想家・吉田松陰がペリーの黒船への密航に失敗した後、江戸で自首した故事を思い出し、自分の境遇にオーバーラップさせた上での行動でした。聞かれてもいないのに、カイロ大学で学ぶ動機やヘブライ語を専攻する戦略についても、すべてを打ち明けました。取り調べに対応した相手が混乱した様子が見てとれましたが、聞いているだけで、言葉を発しません。その日は一晩、留置所に入れられたのち、釈放されました。

尾行がやんだかと思いきやしばらくすると、再開しました。何度も出頭するのも面倒なので、秘密警察をおびき寄せ、この場で尋問してくれと頼みました。

「イスラエルに行ったことがあるか」と聞かれ、彼らが疑ってかかっていたのはやはり、私とイスラエルとの関係でした。無実を自ら完全証明するのはむずかしいので、逆質問をしました。その質問に彼らが論理的に答えていけば、おのずと私への疑念が晴れるよう問いを設定したのです。

「仮にぼくがイスラエルのスパイだとしたら、なぜヘブライ語学科のようにわかりやすいところに入るのか」「本当にスパイなら、もっと君たちに気づかれないような方法をとるのではないか」「もうそうだとしたら、なんで私のヘブライ語はこんなに下手なのか。カイロ大の先生に確認してほしい」「それでも演技をしているというなら、私に熱湯でもかけて、とっさに発するはずの母語を確認したらどうか」

相手は黙り込んだので、論破したと内心喜んでいたら、その場で取り押さえられ連行されてしまいました。秘密警察を論破しても、ろくなことはありません。

秘密警察との駆け引きを繰り返しているうちに、新たな好奇心が湧いてきました。強権側のエジプト人の精神構造は一体どうなっているか、についてです。それなら心理学や精神分析学の対象領域だろうと書店にいったところ、エジプト初出版とうたう『心理学・精神分析学百科事典』という本を見つけ手に取りました。そのとき私に一人のエ

▲カイロの警察署。突入を防ぐために壁で囲まれている。

ジプト人男性が話しかけてきました。自分は精神科医でカリームという者だと名乗りました。

このカリーム氏が私のエジプト人分析の師匠となります。基本図書として、フロイトの『モーセと一神教』やフーコーの『監獄の誕生』などを読むようにすすめてくれました。それから、エジプトの精神病理学の専門誌をたくさん貸してくれました。読んでいると、エジプト人自身も強権的な社会システムに苦しんでいることを知り、目を開かされました。それから彼は私のアパートに通ってくるようになります。私の質問に答えながら、エジプト人特有の精神病理について独自の見解を披露してくれます。カリーム先生との会話は、その後エスカレートする殺気立った私の学生生活にとって、とてもおだやかな時間でした。14万人のカイロ大学生唯一の日本人として、完全に異質な空間（キャンパス）に身を投じる日々のなかで、私の心理に寄り添った形で対話をしてくれるただ一人のエジプト人でした。

■学生運動という伝統

秘密警察に加え、私の留学生活を彩ってくれたのはキャンパスでの学生運動でした。

１９９３年の10月下旬、新学期がはじまってわずか1週間後、キャンパスで学生による大規模なデモが起こりました。ブルジョワ的なアメ大と違って、カイロ大は伝統的に学生運動が盛んです。

このときのデモの原因は、大学規則の大幅な変更に対する反発でした。具体的には、それまでの1年1学期制を欧米基準に追随して2学期制にすること、大学構内での女子学生のニカーブ（顔を覆うヴェール）着用禁止、大学寮の取り締まり、イスラム主義傾向の強い学生の懲戒処置強化などが原因でした。

ニカーブ禁止は替え玉による受験防止のためと大学側は説明しましたが、学生たちはそれをイスラムへの冒とくと解釈したのです。この頃はカイロの街なかでは武闘派イスラム主義者による観光客襲撃事件や爆破事件が起きていた時期で、警察はかなり強引な取り締まりを進めていました。髭を生やしているだけでイスラム過激派だという疑いをかけられて拘引されることが相次いでいました。

大学も形の上では自治を認められているとはいえ、事実上、政府の一機関であり、警察と軍の監視下にあります。何かあるとすぐに警察がやってきます。このときも装甲車がキャンパス内に入ってきて、首謀者の学生たちが逮捕されました。

▲カイロ大学正門前で縦列する装甲車（1994年）

■アフガニスタン帰りの寮生

カイロ大学の寮も監視の対象になっていました。寮はキャンパスと道を挟んで向かいにあります。最初、私も寮に入るつもりで数日滞在したのですが、あまりにも汚いので入るのをやめました。アメ大のハイソな世界とは真逆の混沌とした泥臭さの極みのような世界でした。入寮資格があるのは地方学生と外国人留学生ですが、当時は、毛色の違う新入りたちが大勢いました。それはアフガニスタン帰りの学生たちです。共産主義・無神論のソ連軍と戦うために、高校や大学での勉強を中断してムジャヒディン（義勇兵）としてアフガニスタンに渡って勝利した彼らをエジプト国民は英雄として迎え入れました。カイロ大学は中断した勉強を続けたい彼らを受け入れたのです。私がいたころも、寮は彼らのアジトとなっており、このときのデモも彼らが深くかかわっていました。

しかし、イスラム過激派の盛り上がりにつれて、彼らは警戒される対象になっていきます。内務省課報部は寮の中に学生に扮したスパイを大勢送り込んでいました。デモを機に治安部隊は寮を一斉捜査し、約600人が寮から追放される事態となります。この追放処置に対してすぐさま抗議デモが起き、また取り締まられるという状況が続いていました。

それでも大学の中は、外の世界に比べるとずっと自由で、ある意味、民主主義的だともいえました。大学の学生運動のリーダーを決める選挙は、当時、エジプトで行われている唯一の公正な選挙だったからです。エジプトで選挙といえば、国会議員選挙と大統領選挙ぐらいです。得票率99・9％でムバラク大統領の再選が繰り返されていました。選挙がお飾りであることは周知の事実です。地方自治などもありません。自治体の長は選挙ではなく任命制で決まります。その任命権は軍事政権が持っています。大学の学長も選挙ではなく上からの指名によって決まります。中央集権国家の典型です

だからこそ、しがらみや賄賂ではなく、公正な選挙によってリーダーが決まる学生選挙は、自分たちで意思決定ができる希有な機会なのです。それは取りも直さず政権転覆を望んでいるイスラム主義団体にとっての地盤固めのチャンスにもなります。政府もそれをわかっているので、そうした兆候をなるべく初期段階のうちに発見して摘み取ろうとします。

▲学生寮（2017年）。改築されて、ずいぶんきれいになった

■CNNに電話する

学生の抗議活動や選挙運動を外目から見ているうちに、ひとつ足りない要素に気づきました。広報活動です。かかわっている学生たちは本気なのですが、まったくといっていいほど外の世界に伝わっていない。国内メディアは検閲が厳しいので、いくら運動が盛り上がっても公に報じられません。その様子を見て、直感的に、国際メディアにコンタクトしてはどうかと考えました。

理由は二つありました。まず、彼らの戦略のなさに単純に歯がゆさを感じたからです。せっかく抗議しているのに、初期段階で当局につぶされてばかりでは意味がなく、なんの進展もありません。そこで思いついたのがCNNでした。湾岸戦争報道で一気に知名度をあげた米国のケーブルテレビ局です。

もうひとつは「この情報は使える」と思ったことです。CNNに有益な情報提供をすると、100ドルくらい報酬がもらえました。貧乏学生にとって、100ドルあれば1カ月分の生活費になります。そこで学内で独自取材をすすめ、学生運動に新しい展開が起きるたびにキャンパス内の公衆電話からCNNに電話をしました。

あとから学生運動の闘士から感謝の言葉をもらいました。

「日本人であるおまえが情報を伝えてくれたから、俺たちの活動が世界に報道された。そうじゃなかったら俺たちのメッセージは国家権力に掻き消されて終わっていた」

こうして、カイロ大学の政治シーンのなかで私は、学生運動の闘士から一目置かれるという独自のポジションを築いていきました。

話は戻りますが、結局、この10月下旬のデモで学生同盟代表のハーティム・アブ・ゼイドが逮捕されました。彼は4日間拘留され、拷問（本人の証言ではむち打ち）を受けました。また、寮生700名が追放されました。カイロ大学以外にも、アインシャムス大学やアレクサンドリア大学でもデモが起こります。アインシャムス大学では寮生50名が追放、約600名が授業の受講を禁止されました。これに反発して学生はハンガーストライキを行いました。また、アレクサンドリア大学では警官隊が学生に催涙弾を発砲し、数百名が逮捕されました。

翌11月には、学生同盟が、大学当局と治安部隊による処置を学生の権利の侵害であるとして、大学を相手どって起訴の申し立てをしました。裁判にあたって、学生同盟はムバラク大統領ほか、内務大臣、高等教育大臣、国会議長らの出席を要求しました。しかし、もちろん申し立ては退けられました。

同じ月の下旬には、大学通りで軍が監視する中、カイロ大学学生同盟の選挙がはじまりました。

先ほども述べたように、学生選挙はエジプトでも稀な公正な選挙です。このためイスラム主義の学生組織も連合して選挙に臨みます。「ムスリム同胞団」「サラフィーヤ宣教団」「慈悲深き神への奉仕団」等の学生組織が連合してイスラム諸派連合を結成し、それに対抗する体制派の組織も出馬しました。

■イスラム化と学生運動

当時のカイロ大学の学生運動の大きなテーマは「イスラム化」でした。エジプト主義もアラブ社会主義も失敗し、資本主義国家としても破綻し、学生たちの中にはイスラム化こそが自分たちの命運を託すにふさわしいと考える者が増えていました。ただし、アズハルのような宗教大学を目指すのではなく、イスラム的な価値観に基づいて近代科学を学ぶ場にしたい、という思いがあったのです。

その盛り上がりのひとつの契機は湾岸戦争でした。イスラム教徒にとって聖地であるメディナに、異教徒の米軍が入ったことはまじめなイスラム教徒の学生にとって大きなショックでした。同時代の出来事を、預言者ムハンマドの時代に重ね合わせて見ようとするのは、まじめなイスラム教徒の一般的な特徴です。

挫折の経験が少ないカイロ大生たちと話していて私が感じたのは、ある意味、彼らがとてもロマン主義的だったことです。「パレスチナ人がシオニスト（ユダヤ民族主義者）に虐げられているから助けなくてはならない」とか、「聖地の米軍を追い出さなくてはならない」といったナイーブな使命感を素直に口にする。そして、そうしたロマン主義的な理想や連帯感を支えてくれるストーリーを提供するのが栄光のイスラム史です。

日本人の場合、世界との連帯といっても、そうしたストーリーそのものが外部からの輸入物なのでどうしてもファッションやムードといった一過性に終わりがちです。しかし、エジプト人やアラブ人にとってイスラムの初期の歴史は、彼らが現実を生きるうえでつねに参照するストーリーです。それは彼らが世界を見るときの原型的な枠組みになっているといってもいいでしょう。

つまり学生運動のベースにはイスラム的ロマン主義があり、そこに現実的な力を与えたのがアフガニスタン帰りの学生たちです。彼らには実際に戦ってきた経験と国際性がありました。その刺激が学生たちに強い影響と自信を与えていたといえるでしょう。

■ヘブロンの虐殺を非難する

さらに大きなデモが起きたのは、翌1994年2月26日のことでした。前日にパレスチナの街

▲ヘブロン虐殺抗議デモ。学生が持つポスターは聖地エルサレムにあるアルアクサモスク（1994年）

ヘブロンで、極右系ユダヤ人が礼拝中のパレスチナ人たちに銃を乱射するという事件（ヘブロン虐殺）が起きたばかりでした。デモはこの虐殺への抗議のために招集されました。

背景をかんたんに説明すると、前年の1993年8月にノルウェーのオスロで、イスラエルとパレスチナの間で、PLO（パレスチナ解放機構）をパレスチナの自治政府として相互に承認することを記した、いわゆるオスロ合意の調印がなされました。これはイスラエル軍が占領していたガザ、ヨルダン川西岸両地区から撤退してパレスチナ側が暫定自治を行うことなどを定めたもので、これによってパレスチナの和平交渉が新たな段階に入りました。しかし、イスラエルとパレスチナ双方ともにこの和平に反対する者も多く、そんな不満の高まりの中で起きたのがヘブロンの虐殺でした。

この日、キャンパスにはさまざまなシュプレヒコールが響きわたっていました。

「ユダヤ人よ！　ハイバルの戦い（筆者注：初期イスラム時代、ハイバルに住むユダヤ部族を討伏した戦い）を思い出せ。ムハンマド軍が今に戻ってくるぞ」

「パレスチナ問題はすべてのエジプト人の問題である。否、すべてのイスラム教徒の問題である」

「ユダヤ人よ！　よくも我々の同胞を殺ってくれたな。アクサ・モスクよ！　パレスチナよ！　恐れは要らぬ！」

「我々の魂を、我々の血を、パレスチナに（捧げよう）！」

注：「我々の血を」は建学者ザグルール（3章参照）の反英闘争時代に生まれた学生の抗議運動の常とう句。現在、デモで連帯を示す際、アラブ世界全体で使われている

「さあ、手錠を外し、障害を取り除き、国境へと向かおう。すべてのユダヤ人を追い出せ。自らを犠牲にして敵を討とう」

「いざジハードへ、いざジハードへ！　いざ殉教の道へ！」


過激なシュプレヒコールも多く、これらの言葉をそのまま受けとめるなら、それは死を覚悟したイスラエルに対する宣戦布告とも思えました。デモに集まったのはざっと4、5000人。カイロ大学の大講堂の収容人数とほぼ同じです。

▲デモには女子学生も参加した（1994年）

ですが、よく見ると学部によって動員数が違います。工学部や法学部の校舎から集まってきた学生が目立っていましたが、文学部の学生はほとんど見かけませんでした。理系の学部や法学部は社会意識が高く、文学部はノンポリが多い。政経は体制派で傍観派のノンポリか権力側への密告派に分かれます。

■デモにはなんの意味もない？

デモへの動員があったのは午前中でした。講義の冒頭、あご髭を伸ばした日ごろ見かけない学生が入ってきました。彼は講義をはじめていた教授を無言で射すくめました。ただならぬ気配に教授は授業を中断して教室を出ていきました。

学生は、自分は学生同盟の委員だと名のると、前日の虐殺事件にふれ、午後からイスラエルを非難するデモを行うので正門に集合するようにといって去っていきました。

教室にいた学生たちが立ち上がって教室を出ていく中、同じ学科の友人シャーディがこういいました。

「ばかばかしい。デモなんて何の意味もない」

前にもふれましたが、シャーディは軍の高官の息子でとても現実的な人間でした。彼はつづけていいました。「エジプト人がイスラエルに勝てるはずがない。デモをしても、すぐエジプトの治安部隊がやってきて終わりだ」と冷めた口調で話します。

シャーディの父親はエジプト軍の現代化を進める部署に勤務していました。その父親からの話では、エジプトの場合、融通の利かない官僚制度のために改革ができず停滞から逃れることはむずかしい。それに対してイスラエルの軍や政治や経済は日に日に発展しているというのです。

では、なぜイスラエルは発展し、エジプトは途上国のままなのか。それを知りたいがためにシャーディはヘブライ語専攻を決めたのでした。

「エジプトの庶民はエジプトがなんでも一番だと思いたがる。ナイル川も一番、歴史も一番、軍も一番、発展するポテンシャルも一番。それでも現実の生活は苦しい。そこで登場するのがイスラエルだ。イスラエルがエジプトの発展を阻んでいるという陰謀論をみんな信じている。でもそれは自分にとって都合の悪いことを、他人のせいにしているだけだ。私の考えでは、エジプトが発展しない原因はエジプト人の中にあり、イスラエルが発展した理由はイスラエル人の中にある」

「たしかにそうかもしれないけれどデモには参加してみよう。学生連盟の弱点を見極めて、アドバイスぐらいはしてあげられるかも」というと、「君がそういうなら、いっしょにいこう」といってデモの集合場所へ向かいました。

■戦略のない抵抗運動

集合場所にはデモを組織した学生同盟の一団が集まり、代表とおぼしき人物がコーランを右手に演壇に立っていました。彼は左手に携えていた宣言文を一気に読み上げました。

「ひとつ、イスラエル大使の追放を実行する。二つ、イスラエルとの国交断絶を要求する。3つ、パレスチナ人犠牲者遺族への援助を決定する。4つ、ゼネストを開始する。5つ、抗議デモをエジプト全土に拡大する。最後に、全ユダヤ人に対して開戦を宣言する」

大きな歓声があがる中、隣にいたシャーディは「完全に狂っている」とまったく共感を示しませんでした。

続いて別の団体が現れ、次々と似たようなメッセージを宣言します。全部で5、6団体はいたと思います。学生同盟は、さまざまな思想を持った団体の連合であり、学生選挙で多数派をとれないので各派閥が連立をして意思決定をするのです。

ところが、全派閥のスピーチが終わると、今日のデモはこれで終わりだとアナウンスがありました。多くの学生を動員しておきながらデモ行進もありません。

もう終わり？　これでどうやってイスラエル大使を追放し、国交を断絶するのか。肩すかしを食らった気持ちでした。学生同盟の幹部らしき人物に聞くと「続きはまた明日」とのこと。アスル（遅い午後）の礼拝を告げるモスクからの呼びかけとともに学生たちは何事もなかったように、解散していきました。

そして翌日、昨日と同じように学生は大学正門に集結し、抗議集会が始まりました。正午前には治安維持の装甲車が大学のすべての門と大学橋前の通りに配備されていました。それでも集会が終わり、学生たちはイスラエル大使館を目指そうとシュプレヒコールを上げて正門に向けて行進を始めました。

ところが、すでに待ち構えていた治安部隊が催涙弾を発砲しました。学生たちの身動きが取れなくなったところで、さらにプラスチック弾が打ち込まれます。プラスチック弾の殺傷能力は低いですが、頭にあたれば流血します。学生たちが混乱する中、治安部隊が突入し、こん棒を振り回します。学生たちはうめき声をあげながら、ポケットに隠し持っていた石を前列の治安部隊に投げつけます。治安部隊は一瞬ひるんだものの、背後には百人以上の隊員が突撃準備をしており、さらに後方には、装甲車が5台ひかえ、車上では隊員が銃を構えています。威勢よくはじまったデモ行進は、正門を出て数メートルで尻つぼみになりかけていました。「もっと石を持ってこい」と先頭集団が叫ぶものの、デモ開始前に用意された投石用の石の小山はすでになくなっていました。

学生の先頭集団の後ろにいた私はその様子をつぶさに見ていましたが、どう見ても準備不足は否めませんでした。武力の差は歴然としているのは仕方ないとしても、戦略があまりにもお粗末でした。

投石を抵抗の手段にしたのは、パレスチナ人のインティファーダ（抵抗運動）にならったのでしょう。でも、石で勝負するなら、なぜもっと大量の石を集めておかないのか。なぜ昨日の集会のあと、そのままイスラエル大使館を目指さなかったのか。昨日なら正門にいたのは数名の警察と学生証をチェックする職員しかおらず、簡単に突破できたはずです。

治安部隊は攻撃の手をゆるめずキャンパスにまた催涙弾を打ち込みました。学生たちの間から「目をつぶれ」という声が聞こえました。学生の中にはポケットから濡れたハンカチや、新聞に包んだタマネギを取り出す者もいました。タマネギは涙を大量に出して、目に入った催涙成分を取りのぞいてくれます。タマネギを手のひらで刻んで仲間に配る女子学生もいます。攻撃力は貧弱で準備不足なのに、防御術の方は用意周到なことに半ばあきれ、半ば感心しました。結局、この催涙弾攻撃によって学生たちの士気はすっかり挫かれ、彼らはちりぢりになり、デモは頓挫しました。

■ロマン主義と日和見主義

このときのデモに参加して、私は学生たちがどこまで本気なのかという疑問が拭えませんでした。「パレスチナと連帯しよう」「イスラエル大使館へ行こう」「国境を目指そう」とシュプレヒコールを上げても、結局、準備不足で大学の門からすら出られない。

「イスラエル大使館へ行こう」と叫べば、警察に情報を与えることになります。そして翌日にデモをすれば当然それまでに警備は強化されます。それはエジプトでよく目にする喧嘩の作法に似ていました。エジプト人は喧嘩するときに、互いに相手を罵り合いながらも仲裁が現れるのを待ちます。できれば衝突したくない、誰かに止めてほしいという打算のもとに喧嘩をします。本気でぶつかる気などないのです。

「国境へ行こうというのなら、いっしょに行こう」と学生運動の幹部にいったことがあります。しかし、そういうと彼は「いや、それはちょっと」といってためらいます。本当に国境まで行くならば国境警備の現状を調べる必要があります、シナイ半島の視察も必要です。でも、彼らはそういうことは何もしていない。気分だけで盛り上がって「国境へ」と叫んでいるだけでした。

戦略もなければ、行動する意志も大してない。もっともらしいことをいいながらも、ポーズとして学生運動をしているだけなのではないかという印象は拭えませんでした。社会を変えるのだというロマン主義と、現状を変えたくないという日和見主義が渾然一体となっている。デモに参加した学生たちも、全学生の数からいえばごくわずかです。おそらく5パーセントもいないでしょう。つまりほとんどはノンポリです。

それは「アラブの春」のときに起こった2011年のエジプト革命でも同様です。タハリール広場を大群衆が埋めつくしたとはいえ、集まったのは市民のごく一部にすぎません。それでも政権がひっくり返ったのは、民衆の力というより、アメリカ政府がエジプト軍部の上層部に対し、ムバラク大統領を見限らなければ、毎年の膨大な額の援助を止めると脅したからです。構造はそのままにして、大統領だけすげ替えることに権力が同意したというわけです。

話を戻します。その中で唯一「本気」だったのはアフガニスタン帰りの連中でした。彼らはアフガニスタンでソ連軍と戦った成功体験があるだけに自信に満ち、過激な活動も辞さないところがありました。ポーズにすぎない学生運動とちがって、本気で社会を変えようとしている。その影響力を政府も怖れていました。

ただ、私自身はそちらとかかわると消されるかもしれないと思いました。外国人でありながらセム語学科でヘブライ語を学んでいることで、すでに秘密警察からマークされていたからです。

もっとも、学生たちが本気になれないのには理由がありました。家族の結束の固い彼らは、親に心配をかけられないという意識が強いうえ、警察に捕まったときに受ける扱いの残虐性も知っています。権力のある者が、一般庶民を支配するのが当然という世界観も小さいときから刷り込まれています。

それでも社会の不正義に対して純粋な憤りを抑えられない者たちの中にはエジプトを出て、ヨーロッパのようなリベラルな土地へ行く者もいました。アメ大にも、カイロ大にも、そうやって悩んだ末にフランスやドイツへ渡った学生がいました。

■イスラエルへ

彼らにできなくて、自分にできることは何だろう、と私は考えました。それはイスラエルへ行くことでした。エジプト人学生が本当にイスラエルの国境を超えたら、その後の人生において、ずっと当局からマークされることになるでしょう。それは私にとっても大きなリスクでした。秘密警察からイスラエルとの関係を疑われているのに自ら崖に飛び込むようなものです。それでも、イスラエルに行って、その情報をフィードバックできれば、彼らにとっても刺激になるのではないかと考えました。やむにやまれぬ大和魂です。

それ以前に私は当時、すでに一線を越えていました。カイロのイスラエル大使館付属図書館に出入りしていたのです。そこではイスラエルの新聞や雑誌を読むことができます。そこで、イスラエルからの客員研究員にヘブライ語やイスラエルの対アラブ政策の教えを乞うていました。大学では相変わらず「ヨブ記」の授業でしたが、個人的にアラブとイスラエルの双方から「敵国研究の研究」をするという目標実現に向けて動き出していたのです。

あるときその研究員から「エジプトにも豊かなユダヤ人共同体があった。それがナセル革命によって大多数は追い出された」という話を聞きました。アラブ人社会におけるユダヤ人への関心が強まって、カイロに古くから残っているユダヤ人共同体と連絡をとって、その会合に出たりしていました。

大学の授業は退屈で面白くなく、秘密警察の監視もおさまったところを見計らい、しばらくイスラエルへ行ってみることにしました。文化センターでいちばん成功しているキブツを教えてもらいました。キブツとはイスラエル独自の集団農業共同体です。ボランティアをする代わりに衣

▲在カイロ・イスラエル大使館前でイスラエル国旗を燃やす若者たち（2011）

食住が無料で提供されます。キブツではイスラエルの全農産物の約八割が生産されており、敷地には農場以外にもさまざまな生産設備があります。

紹介されたのはゴラン高原のレバノンとの国境地帯にあるキブツバラアムで、りんごと綿の栽培をメインにやっていました。私が行ったときは、ちょうど綿の種まきをしていた時期でした。午前はその手伝いと、午後は医療用の点滴のコックの製造工場でも働きました。農業と工業でシフトを組んで、どちらがだめになっても生き残れるような仕組みになっています。私の行ったキブツにも多くの国から人が来ていましたが、任務を終わった軍人もたくさん見ました。フォークランド諸島の基地駐在やボスニア戦争から帰ってきたイギリス人が骨休めをしていました。エジプトから行ったせいもあり、イスラエルは合理的で、とても居心地がよかったです。居心地がよすぎて逆に違和感を覚えるほどでした。キブツでは結局2カ月ほど過ごし、その後、ガザ地区へ向かいました。

▲12世紀のカイロで活躍したユダヤ人哲学者「マイモニデス生誕祭」の様子（1994年）

■ガザ地区でアルバイト

イスラエルのユダヤ人世界とはうって変わって、ガザ地区は貧しい世界でした。カイロでもどこを見るかによって、カイロという街のイメージは大きく変わります。私がカイロでよく出入りしていたのは、大学のほかに「死者の街」と呼ばれる町外れの貧困地区や、ザッバリーンというキリスト教徒のゴミ収集人たちの住むスラムのようなエリアでした。そこの地域と、アメ大の学生が出入りするこぎれいな地区、あるいは観光客が訪れるピラミッド・エリアなどでは同じカイロであってもまったく違うリアリティが息づいています。

ガザ地区では、たまたま知り合ったパレスチナ人にハマス（パレスチナのイスラム主義組織で、現在はガザ地区を実効支配している政党）のアジトに案内されました。そこでは夜になると、メンバーが集まって武器の訓練をしていました。ヌンチャクやナイフに早変わりするペンなどを持参しておのおの訓練をするのです。

「日本人ならカラテができるだろう」といわれました。私は「カラテはできないがナワトビならできる」といいました。「ナワトビとはなんだ?」といわれたので、そばにあった洗濯ひもで交差二重跳びを披露したところ感心されました。ハマスの連中とヌンチャクとナワトビで試合(?)もしました。

そのハマスの口利きでアルバイトを紹介されました。カセットテープをつくる音楽関係の工場だったのですが、当時、ガザでは音楽が禁止されていました。唯一流通していたのが「コーラン」のテープと、少年たちの「遺言テープ」と呼ばれるものでした。

この頃はイスラエルへのテロがいまだ盛んに行われていた時期でした。1993年のオスロ合意によって、インティファーダは一段落したとされていましたが、いまだ爆弾を身体に巻いてイスラエルのバスに飛び込む自爆テロは相次いでいました。志願者の中心は10代前半の少年で、彼らはバスに飛び込む前にカセットテープに遺言を吹きこむのです。こうした遺言テープがダビングされて商品としてガザやヨルダン川西岸に広く出回っていました。

私に与えられた仕事は、このカセットテープを試聴してからケースに収め、ラベルを貼ることでした。精神的にはかなりつらい作業でしたが、ハマスの口利きもあったので3週間くらい仕事を続け、それからカイロに戻りました。

■ロバに乗って過激派のアジト・アシュートへ

大学へ戻って学生運動をしている人たちに、そうした話をしても反応は鈍いものでした。俺たちには関係がない、と迷惑そうにされたり、そんなことしていたら捕まるよと忠告してくれる者

▲カイロからアシュート行きの電車の中。荷物置き場も客席

▲水タバコを吸う農民たち(1994年)

▲ナイル川中流のシュート近郊で大地を鍬で耕す農民(1994年)

もいました。そんな忠告にもかかわらず、その後、個人的な関心から中部エジプトのアシュートへ行くことにしました。アシュートはイスラム主義の勢力が強い町で、イスラム集団のアジトがあるとされていました。近辺では列車やバスの爆破事件や、イスラム教徒とキリスト教徒の衝突などが相次いでいて、警察は警戒を強めていました。

イスラム主義そのものに関心があったわけではなく、彼らがどのようにして政府を倒そうとしているのか、どうやって国家転覆を図ろうとしているのかに興味がありました。しかし、アシュートのどこにアジトがあるのか、学生運動をしている人たちに聞いても何も答えてくれません。

それならと自分で行ってみることにしました。といっても、外国人がいきなりやってきたら警戒されます。町のあちこちには装甲車が止まっていて検問をしています。そこで見とがめられないように、ロバを借りて、顔を黒く汚し、現地の人が着るようなガラベーヤを着ました。そしてロバにまたがって、ぬるい感じで町の中に入っていきました。それでも十分に怪しい格好ですが、運良く検問を突破することができました。

町外れの農村集落で水タバコを吸いながら地元の人たちと世間話をしました。それでわかったのは地元住民の多数派である農民のほとんどは流行りのイスラム集団に思想的な影響は受けていないことでした。人や思想がかけめぐる都市部で何が起ころうとも、農民たちの悠久のときは変わらないのです。

■唐突に終わった学生生活

私の物騒な大学生活の噂は、カイロ在住の一部の日本人の間にも広まっていました。そのおかげで日本のマスコミから報道番組のコーディネートや通訳の仕事が舞い込むようになっていました。

中には現地駐在の特派員がやりたがらないような危険の伴うものもありました。あるとき、エジプトのイスラム過激派の大物と独占インタビューしたいから取材アレンジをしてくれという依頼がありました。危険なことは承知していましたが、これまで築きあげてきた学生運動の闘士たちとの信頼関係もあって、「大物」とコンタクトすることに成功し、無事インタビューを行えました。

ところが、撮影が終了してアパートに戻ると、秘密警察が待ちかまえていました。私はその場で拘引されて、そのまま留置所へ連れていかれました。秘密警察はおそらく、ずっとこちらの行動をチェックしていたのでしょう。取材を実現させようと徹夜で動き回っていたので、注意力が散漫になり、尾行に気づきませんでした。

留置所に着くと、四畳半くらいの牢屋に入れられました。中にはすでに先客が1名いました。その男も何かの容疑で拘留されていたのでしょうが、その様子が尋常ではありません。両手を鎖で縛られて、壁にくくりつけられているのです。どうやら精神に異常を来しているようで、突然泣き叫んだかと思うと、急に笑い出したりする。糞尿は垂れ流し状態で、すさまじい悪臭が立ちこめていました。

それから尋問が始まりました。秘密警察は手慣れたもので、食事も水もくれないだけでなく、眠らせてもらえない。外部に連絡もとらせてもらえない。牢屋から移動するときは鳥籠みたいな小さな檻に入れられました。3日間ほとんど一睡もさせてもらえずに尋問が続きましたが、私は黙秘を貫きました。取材を依頼してきたクライアントや、「大物」とのインタビューをつないでくれた学生運動の闘士たちを売るわけにはいかない。尋問を受けながら、私は頭の中で鉄壁なまでの虚構のストーリーとアリバイを作りあげ、それ以外のことはいっさい口にしませんでした。

私にかけられた容疑は「国家不敬罪」でした。そのほかにビザの滞在期限が切れていたことも問題になりました。あとで調べたところ、「国家不敬罪」は施行されたばかりの法律で、要するにジャーナリストや人権団体の職員を容易に逮捕、監禁できるようにするための法律でした。ジャーナリストらが海外に伝えるテロ報道のせいで、エジプトの国際的なイメージがガタ落ちし、そのために観光収入が減り、経済と治安の悪化を招いているというのが施行の理由です。しかし、実際には人権や報道の自由を無視して、都合の悪い人は捕まえてしまおうという方便です。この時期を境に、エジプトでのジャーナリスト逮捕件数は増え続け、中国、トルコと並んで、報道侵害で世界ワースト3国の一角になります。

取り調べのさなか、警察の上官の態度があまりに失礼だったので、腹が立って思わずその上官を殴り倒してしまいました。あわてた部下たちが、いっせいに私を押さえつけました。それからは

▲カイロの檻©AP/アフロ

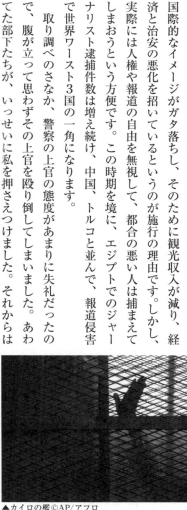

移動中は手錠をかけられるようになりました。

取り調べが一段落した数日後、私はまた別の留置所に移されることになりました。嫌な予感がしました。留置所をたらい回しにしては、行方をわからなくしていつのまにか殺してしまうという警察の手口がある。そんな話を学生運動の闘士から聞いたことを思い出しました。このままだと消されてしまうかもしれない。そうはいくものか。かかってこい！　妄想がふくらむにつれて、いっそう気が引き締まりました。なんとか外部と連絡をとらなくては。しかし、その手段がありません。そうこうするうちに、違法売春のポン引きなどの20人ほどの囚人とともに、私は護送車に乗せられました。

護送車は渋滞するカイロの大通りをのろのろと走っていました。前方に日本人観光客たちを乗せた観光バスがいました。バスの乗客は、すぐ後ろに日本人が無実の罪で護送されているなんて思いもよらないだろうと思いながら、何ができるか考えていました。

そのとき、護送車のあとを一人の少年が走って追いかけてくるのに気づきました。カイロの道路はつねに渋滞しているので、少年はつかず離れずしながら護送車についてきます。まわりの囚人と話をしてわかったことは、この護送車に万引で捕まった男が乗っていて、追いかけてくる少年はその男の弟だということでした。男は強盗団の家系で万引きの常習犯でしたが、その兄を慕って、車を追いかけてきたのです。

そこで一計を案じました。私物は没収されていなかったので、護送車の中で、いまの自分の状況を記したメモを走り書きし、車が停止したすきに、その少年にわかるように窓の鉄格子の間から落としました。少年がそれを拾い上げると、「そのメモを日本大使館へ持って行ってくれ」といって、だいたいの住所を口頭で説明しました。

はたして少年が理解してくれたか、そして実際に大使館に連絡してくれるかどうか不安だったのですが、その翌日に日本大使館の人が面会にやってきました。少年は律儀に動いてくれたのでした。

交渉の末、私は釈放されたものの、大使館からは、またいつ捕まるかわからないから、すぐに出国しなさい、といわれました。私の中には、まだ迷いがあったのですが、そのあとエジプトの軍人との関係を噂されていた日本人女性に偶然会いました。ひょっとしたら偶然ではなかったのかもしれませんが、その女性は唐突に「日本に逃げても無駄よ。エジプトの諜報は優秀なんだから」とぼそっと私に告げました。それを聞いたとき、何かが私の中でこわれました。

それまで私は、たとえ相手が何万人いようが、どんな権力を振るおうが、勝てる自信がありました。超人伝説というか、そういう妄想を現実として生きていました。けれども、ふいに現れた日本人の女性に、脅しとはわかっていても、こちらの行動は筒抜けだといわれたことで、現実のカイロが、自分の思い描いていたカイロとは違うのだ、とようやく気づいたのでした。

「そろそろ引き際だな」と私は観念し、数日のうちにエジプトを出る準備に取りかかりました。こ

▲褐色のカイロの街©AGE FOTOSTOCK/アフロ
こでも即断即決は変わりません。こうして、私のカイロ大学の生活は唐突に終わりを告げたのでした。

日本へ向かうエジプト航空機がカイロ空港を飛びたつと、3年半、格闘した褐色のカイロの街が眼下に広がりました。アメリカン大学も、カイロ大学も、秘密警察も、まるで一瞬の夢だったかのように、みるみる彼方へと遠ざかっていきます。

私がカイロにやってきたのは「中東問題の解」にたどりつくためでした。しかし、その解を求めてカイロに暮らすうちに、あまりにかけ離れた理想と現実のはざまで、いつしか出口のない袋小路に迷い込んだような気がしていました。しかし、飛行機の窓からカイロの街を見送っていたとき、ふいに高校時代のことを思い出しました。そもそも自分はどうしてカイロにやってきたのか。それはバグダッドへ行くための準備のはずだった。長いこと忘れていた初心を思い出し、急に視界が広がった気がしました。

――そうだ、バグダッドだ！　バグダッドへ行かなくては。

笑いがこみ上げてきました。カイロでの長い混乱と闘争の果てに、次の目的地がはっきりと見えていました。

主な参考文献

【英語文献】

■書籍・雑誌・論文

Dalia Fahmy and Daanish Faruqi (2017) *Egypt and the Contradictions of Liberalism: Illiberal Intelligentsia and the Future of Egyptian Democracy*: Oneworld Publications

Gillian Kennedy (2017) *From Independence to Revolution: Egypt's Islamists and the Contest for Power*: Oxford University Press

Michael Sharnoff (2017) *Nasser's Peace: Egypt' s Response to the 1967 War with Israel*: Routledge

Mathieu Guidere (2017) *Historical Dictionary of Islamic Fundamentalism*: Rowman & Littlefield

Ahmed Tohamy (2016) *Youth Activism in Egypt: Islamism, Political Protest and Revolution*: I.B.Tauris

Daniel Byman (2015) *Al Qaeda, the Islamic State, and the Global Jihadist Movement*: What Everyone Needs to Know®: Oxford University Press

Masami Nishino (2015, August 1) "Muhammad Qutb's Islamist Thought: A Missing Link between. Sayyid Qutb and al-Qaeda?", *NIDS Journal of Defense and Security*, No. 16, National Institute for Defense Studies, Tokyo

Soraya Altorki (2015) *A Companion to the Anthropology of the Middle East*: Wiley-Blackwell

Tara Povey (2015) *Social Movements in Egypt and Iran*: Palgrave Macmillan

Ira M. Lapidus (2014) *A History of Islamic Societies*: Cambridge University Press

Ghazi A. Algosaibi (2013) *An Apartment Called Freedom*: Routledge

Goldschmidt Jr. (2013) *Historical Dictionary of Egypt*: Scarecrow Press

Laura Neack (2013) *The New Foreign Policy: Complex Interactions, Competing Interests*: Rowman & Littlefield Publishers

Abdel-Latif El Menawy (2012) *Tahrir: The Last 18 Days of Mubarak*: Gilgamesh Publishing

Bassil A. Mardelli (2012) *Middle East Perspectives: From Lebanon (1968–1988)*: iUniverse

James R. Arnold (2012) *Saddam Hussein's Iraq (Revised Edition)*: Twenty First Century Books

Said K. Aburish (2012) *Saddam Hussein: The Politics of Revenge*: Bloomsbury Publishing

Nikki R. Keddie and Rudi Matthee (2011) *Iran and the Surrounding World: Interactions in Culture and Cultural Politics*: University of Washington Press

Daniel Baracskay (2011) *The Palestine Liberation Organization: Terrorism and Prospects for Peace in the Holy Land: Terrorism and Prospects for Peace in the Holy Land*: ABC-CLIO

Gezim Alpion (2011) *Encounters with Civilizations: From Alexander the Great to Mother Teresa*: Transaction Publishers

Malek Khouri (2010) *The Arab National Project in Youssef Chahine's*

Cinema: American Univ in Cairo Press

Ahmed Abdalla (2009) *The Student Movement and National Politics in Egypt, 1923-1973*: Amer Univ in Cairo Pr

Ana Belen Soage (2009, December 17)"Islamism and Modernity: The Political Thought of Sayyid Qutb", *Totalitarian Movements and Political Religions*

John Calvert (2009) *Sayyid Qutb and the Origins of Radical Islamism*: Oxford University Press

Omar Ashour (2009) *The De-Radicalization of Jihadists: Transforming Armed Islamist Movements*: Routledge

Stephen Sloan and Sean K. Anderson (2009) *Historical Dictionary of Terrorism*: Scarecrow Press

Gabriel G. Tabarani (2008) *Israeli-Palestinian Conflict: From Balfour Promise to Bush Declaration*: AuthorHouse

Spencer C. Tucker and Priscilla Roberts(Eds.) (2008) *The Encyclopedia of the Arab-Israeli Conflict [4 volumes]: A Political, Social, and Military History*: ABC-CLIO

Edward V. Linden(Ed.) (2007) *Focus on Terrorism: Volume7*: Nova Publishers

Micah D. Halpern (2007) *Thugs: How History's Most Notorious Despots Transformed the World through Terror, Tyranny, and Mass Murder*: Thomas Nelson

Olivier Roy and Antoine Sfeir (Eds.) (2007) *The Columbia World Dictionary of Islamism,* Translated by John King: Columbia University Press

Publitec Publications (Ed.) (2007)*Who's Who in the Arab World 2007-2008*: Walter de Gruyter

Felicia Okeke-Ibezim (2006) *Saddam Hussein: The Legendary Dictator*: Ekwike Books & Publishing

Lawrence Wright (2006) *The Looming Tower*: Knopf Doubleday Publishing Group

Sayed Khatab (2006) *The Power of Sovereignty: The Political and Ideological Philosophy of Sayyid Qutb*: Routledge

Andy Stern (2005) *Who Won the Oil Wars?* : Collins & Brown

Barry Rubin and Judith Colp Rubin (2005) *Yasir Arafat: A Political Biography*: Oxford University Press

Haggai Erlich (2005) *Students and University in 20th Century Egyptian Politics*: Routledge

Paul Brykczynski (2005) Radical Islam and the Nation, The Relationship between Religion and Nationalism in the Political Thought of Hassan al-Banna and Sayyid Qutb, *History of Intellectual Culture,* Vol. 5, No. 1, University of Calgary

Philip Mattar (2005) *Encyclopedia of The Palestinians*: Facts on File

D. Jung(Ed.) (2004) *The Middle East and Palestine: Global Politics and Regional Conflict*: Springer

Philip Mattar et al. (Eds.) (2004) *Encyclopedia of Modern Middle East & North Africa*: Macmillan Library Reference

Youssef H Aboul-Enein (2004) *AYMAN AL-ZAWAHIRI: THE IDEOLOGUE OF MODERN ISLAMIC MILITANCY*: USAF Counterproliferation Center, Air University

Yossi Beilin (2004) *The Path to Geneva: The Quest for a Permanent Solution, 1996-2003*: Akashic Books

Volker Perthes(Ed.) (2004) *Arab Elites: Negotiating the Politics of Change*: Lynne Rienner Publishers

Bruce M.Weitzman (2004) *Middle East Contemporary Survey, Volume XXIV*: The Moshe Dayan Center

Don Rubin(Ed.) (2003) *The World Encyclopedia of Contemporary Theatre Volume 4*: The Arab World: Routledge

Saad Eddin Ibrahim (2002) *Egypt Islam And Democracy: Critical Essays*: American Univ in Cairo Press

Ghada H. Talhami (2001) *Syria and the Palestinians: The Clash of Nationalisms*: Univ Pr of Florida

Arthur Goldschmidt (2000) *Biographical Dictionary of Modern Egypt*: Lynne Rienner Publishers

Food and Agriculture Organization of the United Nations (2000) *Seed Policy and Programmes in the Near East and North Africa: Proceedings of the Regional Technical Meeting on Seed Policy and Programmes in the Near East and North Africa*: FAO

Robert D. Kumamoto (1999) *International Terrorism & American Foreign Relations, 1945-1976*: Northeastern University Press

Max Rodenbeck (1998) *Cairo: The City Victorious*: Picador

Afaf Lutfi Sayyid-Marsot (1997) *Egypt's Liberal Experiment, 1922-1936*: University of California Press

Yezid Sayigh (1997) *Armed Struggle and the Search for State: The Palestinian National Movement, 1949-1993*: Clarendon Press

Naguib Mahfouz and Mohamed Salmawy (1996) *Mon Egypte*: JC Lattes

Rashid Khalidi (1991) *The Origins of Arab Nationalism*: Columbia University Press

Donald Malcolm Reid (1990) *Cairo University and the Making of Modern Egypt*: Cambridge University Press

Alan Hart (1989) *Arafat, a Political Biography*: Indiana University Press

Israel Gershoni and James P. Jankowski (1987) *Egypt, Islam, and the Arabs: The Search for Egyptian Nationhood, 1900-1930*: Oxford University Press

Charles D. Smith (1983) *Islam and the Search for Social Order in Modern Egypt: A Biography of Muhammad Husayn Haykal*: SUNY Press

Nissim Rejwan (1974) *Nasserist Ideology: Its Exponents and Critics*: Transaction Publishers

J. Heyworth-Dunne (1968) *An Introduction to the History of Education in Modern Egypt*: Taylor & Francis Group

Arab Republic of Egypt Ministry of Higher Education (1964) *Higher Education in 12 years*: Arab Republic of Egypt Ministry of Higher Education

Mahmoud Abd Al-Rahman Shafshak (1964) *The Role of the University in Egyptian Elite Recruitment: A Comparative Study of Al-Azhar and Cairo Universities*: University of Chicago

Amir Boktor (1963) *The development and expansion of education in the United Arab Republic*: American University at Cairo Press

Dr. Taha Hussein Dead at 85; Egyptian Writer and Educator (1973, October 29) The New York Times

■ウェブ文献

The New Arab (2017) Egypt frees Ahmed Maher, founder of April 6 movement

Ismail Serageldin (2017) Jurji Zaidan His Contributions to Modern Arab Thought and Literature

Mohamed Nagy, Wesam Atta and Amira Abdelhamid (2017) Besieged Universities

Joshua Hammer (2017) How Egypt' s Activists Became 'Generation Jail' . The New York Times

Robert Morse and Kenneth Hines (2016) How U.S. News Calculated the Best Arab Region Universities Rankings

Mahmoud Fouly (2016) Interview: Confucius Institute expands Chinese learning in Egypt to reach more universities, schools: institute manager

John Nixon (2017) CIA agent who grilled Saddam Hussein says US was wrong about him

Mohamad Bazzi (2016) How Saddam Hussein' s Execution Contributed to the Rise of Sectarianism in the Middle East

Mokhtar Awad and Mostafa Hashem (2015) Egypt' s Escalating Islamist Insurgency

Somaia Metwalli El Sayed (2014) The Egyptian Uprising and April 6th Youth Movement Split, American University in Cairo

Erin Cunningham and Heba Habib (2013) Hookahs, hash and the Muslim Brotherhood

Yasmin Hanani Mohd Safian (2013) An analysis on Islamic rules on drugs

Liam Stack (2013) Activist Is Detained in Egypt for 'Inciting Protests' Against Morsi Government

Gabriel G. Nahas (2011) Hashish in islam 9th to 18th century

Stephen Soldz (2011) The Torture Career of Egypt' s New Vice President: Omar Suleiman and the Rendition to Torture Program

Siddharth Ramana (2011) The Road Ahead for Al-Qaeda: The Role of Aymaan al Zawahiri

Aaron Y. Zelin (2010) Jihadism and the 'Ulama

Issandr El Amrani (2010) How' s Business: Naguib Police officer turned hash dealer, Cairo

GTZ Egypt (2009) Cairo' s Informal Areas Between Urban Challenges and Hidden Potentials: facts voices visions

Liam Stack (2008) Politics on Facebook brings trouble for young Egyptian

Al Jazeera (2008) Fathering Egyptian nationalism

Chris Heffelfinger (2007) Trends in Egyptian Salafi Activism, The Combating Terrorism Center

Virginia Murr (2004) The Power of Ideas: Sayyid Qutb and Islamism, Rockford College Summer Research Project

Richard Sale (2003) Saddam Key in Early CIA Plot

Ayman al-Zawahiri (2000-2001) Knights Under The Prophet' s Banner

Caryle Murphy (1990) The Different Strategy of Arafat' s Brother

Arab Republic of Egypt Ministry of Higher Education, General

Department for Non-Egyptian Students' Admission and Grants: Guide for Non-Egyptian Students, Translated by The Centre for Foreign Languages and Professional Translation

【日本語文献】

■書籍・雑誌・新聞

中田考（２０１５）『カリフ制再興：未完のプロジェクト、その歴史・理念・未来』書肆心水
ターレク・オスマーン（２０１１）『エジプト岐路に立つ大国：ナセルからアラブ革命まで』久保儀明訳、青土社
山本浩（２００２）『憎しみの連鎖：アルカイダ工作員の実像』ＮＨＫ出版
小池百合子（１９８２）『振り袖、ピラミッドに登る』講談社
講談社（１９７３）『エジプト』（世界の国7）講談社
「勝負に負けない人は、なぜ負けないか？」『プレジデント』２０１７年5月29日号、プレジデント社
浅川芳裕「若者の苦悩と挑戦：学生運動から見たエジプト現代史」『パピルス』１９９４年8月号
日本経済新聞「（私の履歴書）森本公誠」２０１４年8月1日〜8月31日連載
日本経済新聞「アフリカ出身『歴史つくる』大相撲・大砂嵐（上）」２０１４年1月18日

【ウェブサイト】

カイロ大学公式ホームページ
エジプト高等教育省公式ホームページ

おわりに

カイロから東京へ向かう機上で、私は次なる計画をすでに思い巡らせていました。

行き先はバグダッド。高校時代に中東をめざすことになった原点への回帰のつもりでした。バグダッドでサダム・フセインから直接講義を受けよう。「中東問題の解」にたどりつくには、サダムの深層心理に迫るのがいちばんだ。カイロでは権力の下っ端の秘密警察にさんざん邪魔されたので、こんどは一気に権力のトップにアプローチしようと妄想していました。

東京に戻ってしばらくするうちに、折しもバグダッドでサダム・フセイン誕生日記念「イラク国際写真展」という催しがあることを知りました。よし、これに参加しよう。それから手をつくして「日本の写真家」という名目で念願のバグダッド入りを果たしました。

まずは、フセインに貸しをつくろうと、バグダッド滞在中に彼の自伝プロパガンダ映画『長い日々』（原作：フセイン、監督：タウフィーク・サラハ、2章参照）のアジア地域での版権を長男のウダイの会社から取得します。帰国後、日本で売り込みをしましたが、独裁者のイメージが固まっていたフセインの自伝映画への反応は冷ややかでした。

その後、紆余曲折の末、ソニーの中東市場専門官となり、ドバイを中心にアラブ世界の西端のモロッコ、西サハラ、モーリタニアまでの地域マーケティングを担当しました。辺鄙な農村地帯や砂漠居住区まで出かけて、ＣＤプレーヤーやプレステを売ってまわりました。その経験の中で気づいたのは、中央の絶対権力が及ばない田舎ほど、人々が自由を謳歌していたことです。

世界の諸問題の根底には、少数の権力側につく都市エリートと、彼らに従属させられている多数の地方・農村住民の対立があるのではないか。イブン・ハルドゥーンの『歴史序説』を読むと、このことはすでに14世紀に指摘されていたことがわかります。これは政府の長年にわたる減反政策で地方や農村が疲弊している日本の現状にも重なります。

中東問題の解を超える、もっと世界の大きな課題がここにあるのではないか。それが20代半ばになっていた私の転機になりました。よし、日本の農業問題を解決しよう。そうと決まれば即断即決です。ソニーをやめ、帰国して農業の世界へ踏み込みました。十年にわたって農業業界を渉猟し、私の仮説は『日本は世界5位の農業大国　大嘘だらけの食料自給率』（講談社、２０１０年）という本に結実しました。

一方、かつての学舎エジプトは激動の時代を迎えていました。革命翌年の２０１２年、史上初の民主的な大統領選挙が行われました。欧米や日本のメディアは、都市の既得権益を代表するアムル・ムーサが有力候補だと伝えていました。しかし、カイロ大でさんざん学生運動を見てきた私には、勝つのは軍閥派かイスラム主義派のどちらかなのは明らかでした。ただし、どちらが勝っても「反拷問」に代表される文民統制を求める革命の精神がないがしろにされることは目に見えていました。旧体制派が勝てば軍事独裁に後戻りし、同胞団が勝利すれば国民に分裂が生じるでしょう。その隙をついて、支配層の軍・警察権力が表舞台に戻るのは明白でした。

そうなれば多大な犠牲を払って独裁政権を倒した意味がなくなります。それなら革命支持派の候補を勝たせるしかない。それがエジプトへの恩返しだと思った私は15年ぶりに、カイロに降り立ちました。秘密警察のお世話にならないよう、軍の官僚を買収して休暇をとらせ、案内役兼ドライバーに雇いました。

現地では、革命を後押しした左派のサバヒ（5章参照）と右派のアブールフトゥーフ（2章参照）への支持が伸びていました。ともにカイロ大学生会会長出身です。私は両陣営の集会を訪れては、統一候補を出せと呼びかけました。どちらかが辞退して、票をまとめれば勝てる戦だと説得を試みました。しかし、双方とも「自分たちが勝つ」と言い張って聞く耳をもちません。当然です。初の自由選挙で高揚している各陣営や支持者に向けて、「立候補を辞退しろ！」といっても煙たがれるだけです。その後の展開は本書で記したとおりです。

最後に、本書執筆の経緯を記しておきます。拙著『ドナルド・トランプ　黒の説得術』（東京堂出版）に目をとめてくださったKKベストセラーズの川本悟史氏から、昨年冬、「カイロ大学の本を書いてくれませんか」とオファーをいただきました。そこでカイロ大学留学時代の資料を漁ると、20歳のときに日本学術振興会カイロ研究センターで発表した「若者の苦悩と挑戦：カイロ大学学生運動から見たエジプト現代史」（1994年7月27日）と、エジプト出国直前に日本の大学生向けに書いた「日本中東学生会議エジプトパート用：エジプトの歴史教育とカイロ大学略史」（1995年8月11日）が見つかりました。これらをベースに、最近の歴史資料や論文、記事を参照し、2017年7月の現地取材を加えて書き上げたのが本書です。

カイロ大学が、日本人に提起する問題は数多くあります。とくに、いま日本では「大学教育の無償化」が国民的議論のテーマにあがっています。しかし、「無償化とは国有化であり、国家統制下に置かれた大学などどろくなことはない」ことは、世界に先駆けて1950年代に無償化されたカイロ大学の凋落ぶりを見れば明らかです。国有化された大学がどうなるか。その負のリアリティをお伝えし、「大学無償化議論」に一石を投じられればとも思います。

執筆にあたり、作家の田中真知さんにはたいへんお世話になりました。全編を通じて文章チェックいただき、センチメンタルになりがちな学生時代の文章や、当時の記憶に結びついた情緒的な内容を冷静な目でご指摘くださいました。アシスタントの安田愛子さんには現地での膨大な写真や資料、ノート、参考文献の整理から校正に至るまで、サポートしてもらいました。つつしんで御礼申し上げます。

2017年11月吉日　浅川芳裕

浅川芳裕（あさかわ　よしひろ）

1974年、山口県生まれ。ジャーナリスト。エジプトの私立カイロアメリカン大学中東研究学部（1992～1993年）、国立カイロ大学文学部東洋言語学科（セム語専科へブライ語専攻）中退。アラブ諸国との版権ビジネス、ソニー中東市場専門官（ドバイ、モロッコなど）、『農業経営者』副編集長などを経て、『農業ビジネス』編集長。著書はベストセラー『日本は世界5位の農業大国』（講談社＋α新書）、『ドナルド・トランプ 黒の説得術』（東京堂出版）ほか多数。訳書に『国家を喰らう官僚たち―アメリカを乗っ取る新支配階級―』（新潮社）。中東・イスラム関連記事では『「イスラム国」指導者の歴史観』『なぜ増える？ イスラム教への改宗』（いずれも『文藝春秋スペシャル』）などがある。

ベスト新書
569

カイロ大学《だいがく》 〝闘争《とうそう》と平和《へいわ》〟の混沌《カオス》

二〇一七年一二月二〇日　第一版第一刷発行
二〇二四年 六 月一〇日　第二版第一刷発行

著者◎浅川芳裕《あさかわよしひろ》

発行者◎鈴木康成
発行所◎KKベストセラーズ
東京都文京区音羽一-一五-一五
シティ音羽二階　〒112-0013
電話　03-6304-1832（編集）　03-6304-1603（営業）
http://www.bestsellers.co.jp

装幀◎フロッグキングスタジオ
本文デザイン◎木村慎二郎
DTP製作◎アクアスピリット
印刷製本◎錦明印刷

ISBN 978-4-584-12569-4 C0222